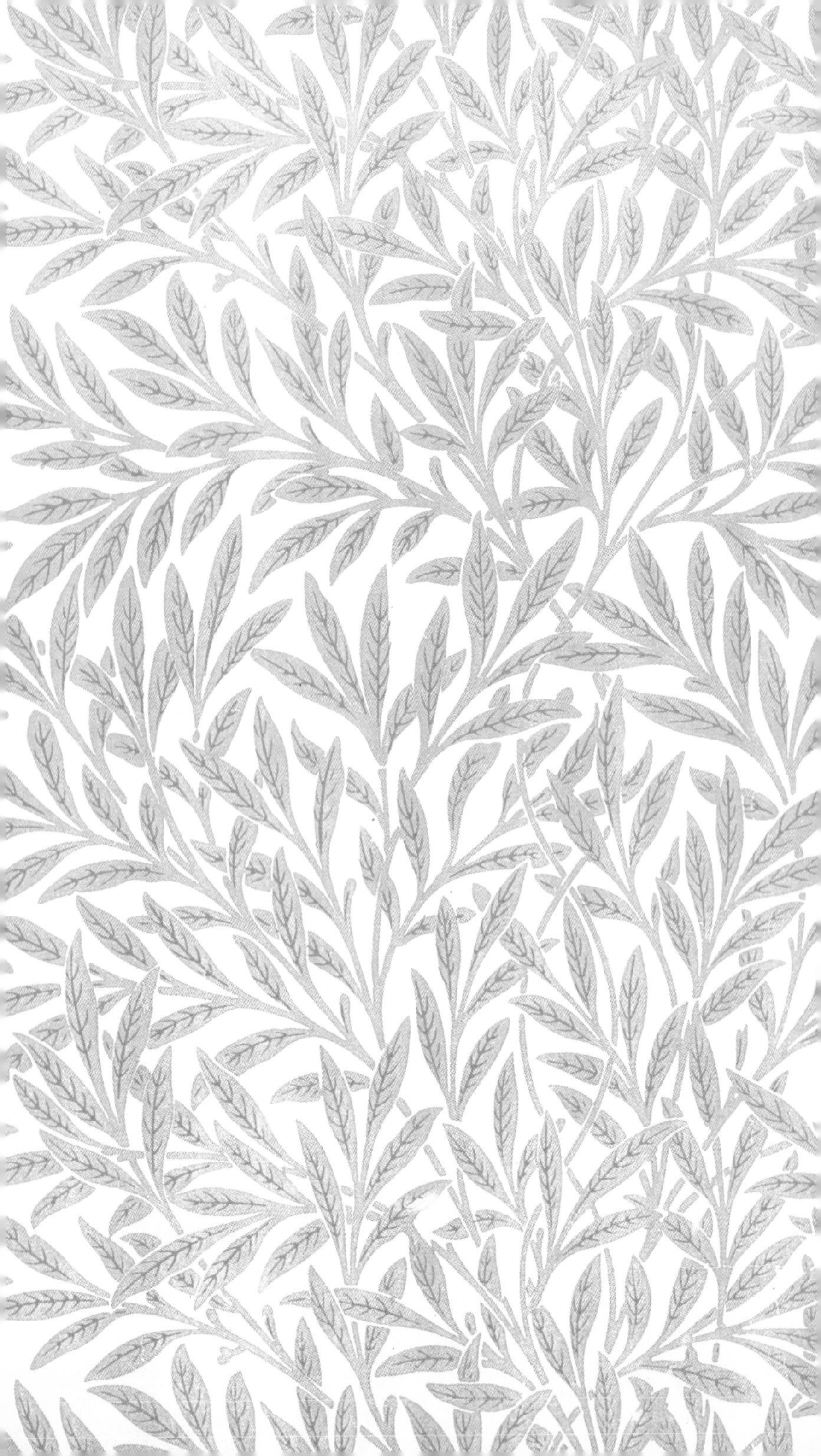

三民叢刊 294

台灣的新政治意識

——局外人對二〇〇四年大選的觀察

陸以正 著

三民書局印行

自序

陸以正

自民國九十年辭謝無任所大使職務至今，這是收集我歷年在各報發表的第三冊雜文集。如果連天下文化替我出版的回憶錄《微臣無力可回天》以及花費最多時間編輯的《三民簡明英漢辭典》也計算在內，勉強可算是把我名字印在書脊上的第五本書籍。如此災梨禍棗，實非始料所及。

說來說去，只怪我雖馬齒徒增，仍不能忘懷世局，看見違反民主自由大原則、昧於國際現實、甚或井蛙觀天的人或事，總有骨骾在喉，不吐不快之感。也幸虧我早年從事新聞工作及在政大新聞系授課，故舊門生遍天下，對我照顧可說無微不至，投稿難得被退回。雖然偶有發生，次數委實不多，這也是我心中銘感難忘之處。

本書各文在台北各報刊出的時間，從九十二年元月份開始，至九十三年三月為止，前後僅十五個月。這段時間裡，台灣正經歷民國有史以來最動盪的歲月、最激烈的選戰，因而所收的文章，一半以上與國內政局或選舉有關。其餘約五分之二，多半評述國際事務，尤以美國攻打伊拉克前後的分析為主。剩下的部分則亂七八糟，從教育改革到「官方語言」，乃至拉丁美洲的社會傳統，與編辭典的甜酸苦辣，無所不包。

這六十七篇長短文章裡，除兩篇取自原書，均已註明出處外，其餘都原載於台北各報，而以刊登在《聯合報・民意論壇》者為數最多。

九十二年五月，《中國時報》在第四版創設「名家專論」闢欄，邀請七位作者每星期在固定的日子撰寫一篇，以三個月為期，期滿再換一批作者。我被邀在第二批裡，負責每星期天晚七時前必須交稿，星期一見報的那篇；從八月初到十月底，總共寫了十三篇。這個專欄因為作者各署本名，立場南轅北轍，藍綠互見；報社後來不得不在欄末加註「本專欄不代表本報立場」的字樣。幸而在我執筆那段期間，還沒有這句聲明。

嚴格說來，外國報紙的「社論對版 (Op Ed Page)」，意為 opposite the editorial page，創自《紐約時報》，拿社論版對面的全頁篇幅對外開放，本來就為廣納不同意見，讓讀者能得各方立場而設。美國各報群起倣效，蔚為風氣。但在台灣，中文報的社論習慣都刊在第二版右上角，不像英文報把社論與讀者投書合為一整版，放在第一疊倒數第三頁。

但《中時》的這個專欄，偏偏又擺在第四版國內要聞上端，容易招致誤會，加註那句話也就情有可原了。

除這三個月以外，《中國時報》刊登我的文章，仍以第十五版「時論廣場」為多。唯有當需要配合當日新聞報導時，才會刊在國內要聞的第六版或其它版面。《聯合晚報》偶而來邀寫署名短評，登在第二版頂端一橫排的最右方，稱為「聯合評論」，年來也寫了幾篇。除這兩家日報外，替《中央日報》只寫了一篇，自己也有點不好意思。

台灣報業去年經歷了一場小小地震，就是香港《蘋果日報》挾雄厚資力大舉入侵，迫使各報削價競爭，在編排方面則增加彩色照片，標題字體儘量放大，力求生動活潑，走「報紙雜誌化」路線，作為抵擋競爭的手段。本書第五十四篇〈歡迎競爭夥伴 不必東施效「蘋」〉，就是有感而發才寫的。我在《蘋果日報》只寫過一篇短評，鑑於讀者群對象截然不同，後來也沒敢再給它投稿。

以時間先後為序，本書所收最早的兩篇，〈如果經國先生仍在世……〉與〈新春祈願〉，正好代表了九十二年剛開始時，台灣多數民眾人同此心、心同此理的羊年願望。那時國內政局尚稱平靜，我批評新聞局拿納稅人的血汗，用「置入性」手法宣傳，以及對新聞局裁撤謠言的反應，純自個人經驗與國外先例出發，與意識形態實無關係。

四月初聆聽大前研一與章家敦的演說盛會後，深感一位過於樂觀，而另一位則過於悲觀；大陸既不可能接受聯邦制，更無崩潰的跡象。未來學家喜歡「語不驚人死不休」，常人如我者應以實話實說、保持公平公正立場為主，更不必東施效顰了。

去年二月，安理會辯論美英提案，陷入僵局，戰事繼而爆發，舉世矚目。我一連寫了好幾篇評論：其中預估美國大兵不用流血，結果證明死傷人數比我想像的更少；猜測的開戰日期，與布希正式下令只差幾天；尤其憂慮中共左右逢源，兩面討好的手法；而美式的民主，能否在伊斯蘭國家開花結果，更是今後中東和平有無希望的試金石。我最擔心的，是布希總統提出的「和平路徑圖」能否成功，前後寫過三篇文章，後來果然無法突破以巴多年累積下來的血海深仇，胎死腹中。中東和平永遠是可望而不可即，還能說什麼呢？

八月盛夏，溽暑難當，我們夫婦藉機去美尋訪舊友，與兒孫同去加拿大遊覽冰河。離開了台北，反而能從更寬廣的角度，思索國際環境對我們這個蕞爾小島的影響。台灣實在太自我中心了，只知內部黨爭惡鬥，全不關懷外面的世界。其實只要略為注意周遭情勢的人，不必是國際問題專家，近年來無不對中共「大國外交」的成功、正式加入「東協基本條約」、行將建構亞洲自由貿易區、以及美國對整個大中華地區政策有逐漸傾斜的趨向，憂心忡忡。國人什麼時候才能擺脫族群紛爭，純自台灣整體利益出發，客觀地考慮在廿一世紀裡，我國在周遭各國間應如何自處的問題呢？

入秋之後，選戰日益白熱化。陳總統訪問中美，「順便」道經紐約時，夏馨語不擇言的奉承，被誤讀為美國對他個人無條件的支持。公投議題拋出後，台灣捲入空前的政治外交漩渦，至今猶未脫身。人人都在談美中台三角關係，結果反而越描越黑，越辯越糊塗。藍綠雙方陣營攻守之間，許多過去不敢碰觸的議題一一被掀了出來。向來溫柔敦厚的連戰，終於走出了自己的路，實際承續了泛藍聯盟主動支持公投立法的思維。這一連串的轉型，豈但華府，連北京也錯愕不已。

這段時間裡，美國從白宮到國務院，包括總統、國務卿、副國務卿、乃至兩單位發言人公開或私下的每一句談話，都被台灣媒體拿放大鏡仔細檢驗。總統府的唯一法寶，就是睜開眼說瞎話，否認到底，堅持與美方溝通的管道暢通無阻，矇混過去再說。反正如選舉失敗，說什麼都沒有用處；假若得勝，總該還有彌補的空間。純自選舉立場而言，這種想法難加苛責；但從民無信而不立來看，民進黨政府的作為就太離譜了。

選前最後一月，從二二八「心手相連」，到三一三的百萬人大會師，中間又夾帶了第一夫人的股票和陳由豪海外嗆聲等插曲，令人眼花撩亂，目不暇接。雖然熬到了投票前夕，卻又發生撲朔迷離的槍擊事件。三二〇以後，寶島上空瀰漫的烏煙瘴氣，不但未曾消散，反而愈益濃厚，讓人民有透不過氣來的感覺。這也是我出版本書的動機，雖然採取最近的一篇文章為書名，用意實在記錄一個局外人對大選的觀察與困惑。

我真希望台灣這麼多「資深媒體人」中，能有一位學白修德 (Theodore H. White, 1915–1986) 這樣的人。他一系列觀察美國總統選舉的著作，尤其第一本 *The Making of the President, 1960*，忠實而又詳盡地記錄了甘迺迪與尼克森競選經過內幕，可稱美國政治史、也是新聞史上的經典之作。除獲得普立茲獎 (The Pulitzer Prize) 的最佳著作獎外，還高居六〇年代初期全美暢銷書籍之首，名利雙收。但這種傻事，只有既具採訪政治新聞經驗，又肯勤跑基層、懂得如何挖掘內幕的年輕人方能一試，不是我這樣久居國外的退休老人所敢想望的了。是為序。

民國九十三年四月三日・台北市

台灣的新政治意識
——局外人對二〇〇四年大選的觀察

目次

3

目次

目次

一、公正、清廉、效率　新政治意識覺醒了

（原刊九十三年三月廿九日《聯合報》）

五十萬人大會師　發出義憤的聲音
政客若再操弄族群、抹黑對手　將喪失人民的信任

超過一星期的群眾運動，三二七達到最高潮後，終於在昨天凌晨開始，被警察驅離了總統府前廣場。這件歷史上破天荒的事件裡，多數參與者既非國民黨、親民黨或新黨黨員，甚至做夢也未曾想到自己會走上街頭的老老少少，恐怕也不知道他們這場純出於義憤的行動，已經寫下台灣民主史的最新一頁。

人群　非政黨可動員

不錯，三二〇投票後最早抗議選舉不公的人，多少與泛藍聯盟沾點關係。但一週來

不分晝夜、在冷風細雨中靜坐的人群，卻不是任何黨派能發動得起來的。我幾次到廣場上察看，和參加的人們聊天，發覺這些群眾與四年前聚集在中央黨部門前，要求李登輝辭去國民黨主席的人完全不同。四年前的示威群眾，年齡較高，操外省口音者也較多。但這次持續換班靜坐，臉上貼著小國旗，不停揮舞青天白日滿地紅旗幟，高喊「阿扁下台」者當中，婦女與年輕人遠多於老年紀的外省人，其比例至少當在八比一和十比一之間；這些人絕不屬於什麼政黨。泛藍或許輸了一場不公的選舉，卻可能意外地喚醒台灣的新政治意識。兩兩相較，我倒覺得所得可能多於所失。

什麼是台灣的新政治意識？人民要求公正、清廉、有效率、有國際眼光的政府。他們不在意哪個黨當政，但無法容忍貪汙、腐敗、說謊、不誠實、甚至不問手段只求勝選的人，來領導他們的國家。人們似乎也借這次難得機會，向政府高喊：不要再玩弄族群意識，不許再亂給別人戴紅黑的帽子，更不能再利用地下電台去鼓動無知民眾製造事端。

總統　道德光環黯淡

拋卻意識形態，冷靜觀察從投票到前晚陳總統的記者會，可有幾點結論。

首先，民進黨政府看似度過了這場難關，警察也在星期一前清空了廣場群眾。但全國本來就有半數人民不支持陳水扁，經過一週持續抗爭後，反對他個人的比率只會有增無減。無論泛綠陣營如何巧言解釋，陳總統作為國家領袖的道德權威與個人聲望，實已喪失。他拖延一週後，才勉強同意全面司法驗票，並歡迎成立獨立專案鑑識小組，並非向泛藍陣營低頭，而是鑑於人民已發出怒吼，這是他保全個人顏面的唯一途徑。料想驗票與鑑識過程中，糾紛定然層出不窮，只要有不公，民進黨政府將喪失有識民眾對它的最後一點信任。

美國　國人不宜太依賴

其次，國人應該逐漸拋棄對美國的倚賴心理。早在投票之前，太多人期望美國會出面干涉阿扁對公投的堅持；不知在國際公法與國際慣例下，不管你承認或不承認它，美國實在不能也無法阻止另外一個國家在內政上行使其獨立自主的主權。等到投票後，媒體又過分渲染所謂美國有無「賀電」的事，坦白而言，只能以庸人自擾四字來形容。

細研白宮發表的聲明，開宗明義第一句是：「我們和美國人民共同祝賀台灣人民成功地完成了三月廿日大選」，直至第二句末端，才加入「我們祝賀陳先生的勝利」的字眼。但下面馬上接了一大段「我們認識到三二〇選舉結果的法律訴訟懸而未決」等語，一副藍綠兩邊都不想得罪的模樣，實在有趣。

外交慣例上，一國總統當選後，外國來的祝賀可分四等：第一等是賀函，該國元首親筆函賀當選人，由大使或代表當面致送，並同時對外發布。第二等是賀電，文字較為簡單，發出就算完事。第三等是僅發布一則聲明，簡單表示賀意，根本不必投遞。第四等則有如這次的白宮聲明，誠意豈但有點勉強，更加入保留性的但書。再笨的人也能看出，這種祝賀恐怕是副總統向人當面討來的。台灣能夠屹立無恙，最主要的依靠是全民的共同意志與努力。我們要有民族自尊心，既不能依賴別人替我們來打仗，也不應期望他國對我國政府施展任何壓力，或對哪個黨什麼人背書，既無出息，又沒有效果。

國旗 凝聚你我向心力

最後，泛藍已經初步出現合併的聲音。在實際政治層面，今天也許為時略早，因為國親必須先打完眼前一仗。但民主國家要使政局安定，只有走向兩黨政治一途；無論什麼困難，或黨內有分裂的危機，仍是無可迴避的選擇。我希望民進黨與台灣團結聯盟也能合併，給人民一個清楚的選擇，讓台灣民主政治真能成熟地運轉。

這次泛藍聯盟最大的收穫應該是，憑著六百四十四萬張選票所代表的最新民意，以及規模空前的大會師，今後任何人再也不能抹黑泛藍陣營，罵它們是外省人政黨，只想恢復外來政權，因為那種謊言與事實完全不符。一星期來，總統府前從早到晚萬頭攢動，萬千國旗揮舞，與民進黨活動時全場不見一支國旗，只有一片綠色，形成強烈的對比，無人能予抹殺。總統府每天早上升旗時，許多婦女與青年一面敬禮，一面不自覺地流淚，這種內心的感動，更不會輕易被忘記。在廣場上演講者，甚至必須講福佬話，才能獲得高分貝的掌聲。種種無可遮瞞的事實，說明絕大多數人民除要求真正民主外，依然支持「中華民國」這個名號和它所代表的意義，這才是大會師的最大收穫，也是台灣明天最大的希望。

二、《拉丁美洲軍人政權之回顧與前瞻》序

（原刊該書，韋伯出版社九十二年出版）

民國四十九年十月，我任職行政院新聞局時，初次訪問中南美；從墨西哥到智利，一共走了十個國家。到民國七十年，我原在奧地利任代表，忽然奉令調往瓜地馬拉。八月抵任，在中美洲一待就是九年兩個月。這期間不但因工作需要，下苦功學了西班牙語文，也因駐在中南美各國的使節會議，每年輪流在各地召開的關係，幾乎走遍了新大陸。屈指算來，從加勒比海到麥哲倫海峽之間，所有操西班牙語與葡萄牙語的國家，我幾乎都到過了，而且大半不只去過一次，只有卡斯楚統治下的古巴是唯一的例外。

外交部所稱中南美洲，從文化根源而言，應稱作拉丁美洲較為適當。那裡有許多特色：且不提土地肥沃，資源豐富，以及山川景色的壯麗，最令人難以理解的，是自從玻里伐 (Simón Bolívar) 與聖馬丁 (José de San Martín) 將近二百年前，領導各國脫離殖民統治以來，有這麼好的先天條件，然而這些國家的政治、經濟、教育、司法、社會、乃至

白人與印第安人間的族群統合，還遲遲未能走上軌道。如果完全怪罪於「美帝」門羅主義 (The Monroe Doctrine) 的侵略操縱，或許也有欠公允。

那幾年間，我常常思考這個問題，也與許多自由開明的當地教授、學者，討論過不知多少次。個人不成熟的看法是，歸根究底，恐怕西班牙文化與隨之而來的許多傳統，也該負些責任。其中很有趣的一點，我尚未在中南美學者著作中讀到過，就是哥倫布首航成功回歐洲後，在西班牙、葡萄牙掀起一陣探險風，許多青年人湧去新大陸，因而衍生的社會風氣。

十六世紀的伊伯利亞半島，仍是中古封建社會。貴族的爵位與封地，父死傳子時採取「長子繼承制 (primogeniture)」；即僅長子可以繼承所有的產業與地位，其餘的兒子們無法分享。這種制度的本意在免使貴族有限的領地一再分割，是當時環境的產物，無可厚非。除長子外，其餘的兒子在西班牙文裡統稱為 hidalgo。他們實際與長子同為一母所生，與中國的「庶出」僅指姨太太所生，相差甚遠；我至今還沒看見一本辭典對這個字有比較貼切的譯法。

繼哥倫布之後，蜂擁前往新大陸的這批征服者 (conquistadores)，大半屬於 hidalgo 這一階級。消滅秘魯的印加 (Inca) 帝國的畢薩羅 (Francisco Pizarro, ca.1470–1541)、打敗墨西哥的亞斯德 (Azteca) 帝國的柯特思 (Hermán Cortés, 1485–1547)、臣服瓜地馬拉的阿爾伐拉多 (Pedro de Alvarado, 1495–1541)、乃至從他的名字衍生出美洲一字的費思菩契 (Amerigo Vespucci, 1451–1512)，都是不幸排行在老二或更後的貴族子弟，因為分不到家產或榮銜，選擇到新大陸去賭運氣的英雄豪傑。

征服了一個印第安國家後，這些人坐享榮華富貴，自然不在話下。凡讀過《唐・吉柯德》這本書的人都知道：貴族世家出身的男人只會做大官，或和別的騎士打仗，或者拯救遭逢危難的美人。耕田或做工是下等人的事，貴族們寧可餓死，也不屑做那種粗工。拉丁美洲許多人至今還未能完全掃除這種 hidalgo 心態：白人壟斷了上層社會，純土著的印第安人難以出頭。墨西哥的薩巴第主義者 (Zapatistas) 與尼加拉瓜的桑定主義者 (Sandinistas)，都代表社會最低層的原住民對掌握政經大權者的反抗，只有等社會完全融合，國家才能進步，無法一蹴即至。

拉丁美洲的問題當然沒有這麼簡單，其它如階級壁壘分明，因而教育不普及，所得分配不平均；政黨只知爭權奪利，人民對國家無向心力等等，說也說不完。正因為有這些困難，才普遍產生軍人當政的現象。在許多國家裡，軍方是唯一有組織、有紀律的團體；軍人發動政變，幾乎成了家常便飯。我在瓜地馬拉九年中，經歷了四位總統，兩位民選的，其中有一位是軍人，另兩位則因發動政變即位，自然是軍人，人民早已見怪不怪了。

在拉丁美洲那樣的環境裡，軍人政權固然不符民主常規，但也不一定是壞事。皮諾契的人權記錄雖然令人不齒，他卻替智利創造了號稱南美洲的經濟奇蹟。尼加拉瓜的奧第嘉推翻了蘇慕薩王朝，初期確曾受民眾的支持。後來因搞不好經濟，遭受批評，反而遷怒於媒體，派人暗殺了《新聞報 (*La Prensa*)》社長查莫洛 (Pedro Joaquín Chamorro)，才激起民眾的不滿。

奧第嘉又過分自信，一九九〇年初舉行大選，自以為必勝，卻敗在查莫洛夫人 (Violeta Barrios de Chamorro) 手裡。她就職後，我奉命秘密前往尼國，磋商建交。新政府因剛剛接任，軍權仍在桑定主義派手中，心存畏懼，躊躇不前。直到十月，我返國改派去南非時，尼國派團來台談判復交事宜，團中有桑定主義者的代表，雙方才能談攏條件。這些秘辛，我在回憶錄中略有提及，如今事隔十幾年，可以公諸於世了。

本書所收八篇論文，都是淡江大學拉丁美洲研究所同人所撰，以探討拉丁美洲軍人政權的得失為主，自有其價值。不過因各人專業背景不同，從專精語文到研究政治的都有，讀者如有興趣，應該找更詳盡的資料，再加比對參考。

三、陳由豪嗆聲　好個台灣「三月驚奇」

（原刊九十三年三月十七日《聯合報》）

陳在美提告訴　兩點值得玩味：

我能否以主權國家　拒絕管轄？　測謊記錄　英美法制可採證！

美式英文裡有個政治名詞，叫做「十月驚奇」；因為美國例在十一月初選舉總統，在此之前的一個月裡，常會有震驚全國的大消息，從而影響選戰勝負。台灣在學習民主道路上，好事沒學會多少，壞的榜樣卻往往青出於藍。陳由豪在洛杉磯以「還我清白」為訴求的記者會，可說是台灣的「三月驚奇」了。

陳由豪是李前總統登輝當政期間名副其實的「紅頂商人」，長袖善舞，呼風喚雨，視政治人物為他的門下食客。每逢選舉，他兩邊都「心甘情願」地送錢，以保無論哪黨得勝，他都能一本萬利，收回他的「政治投資」。他說：綠營要他在選前跳出來重提興票案，打擊國親兩黨；他不肯，才受到迫害。

用常識判斷，如果陳由豪所言屬實，那麼其所以拒絕替綠營作打手，倒不一定是對藍營有何偏好，而是如果照辦的話，違背了他「廣結善緣」的原則。生意人只願意躲在幕後收買政客，卻不喜歡站到鎂光燈前，讓國人看見政商勾結的真面貌；平心而論，情有可原。綠營如此追殺一個窮途末路商人，惹得他奮不顧身反擊，也有點咎由自取。

撇開動機論不提，單單就事論事，陳由豪舉證歷歷，尤其台北市海霸王餐廳、異圖設計廣告公司、桃園華菱鉛筆公司、以及新營聲揚音響燈光公司的發票，總計達一千萬元之鉅，縱使吳乃仁發言人舌燦蓮花，恐怕也難使中間選民完全相信民進黨沒有這麼多骯髒的帳目。

陳由豪從月初首次爆料，到前天的記者會，以他的資財雄厚，背後不愁沒有高人指點。他說三月初已向美國法院控告陳總統誹謗並侵犯人權，不能不說是神來之筆。有兩點細節未曾指出，可順帶一提。

首先，美國法院是雙軌制。加州有本州從一審到三審的法院，而聯邦另有聯邦的司法系統。陳由豪提出告訴的應該是聯邦地方法院，裡面的法官都是終身職，不可能受政治力影響。如果受理後開庭，我國政府能否以主權國家為詞，拒絕接受美國法院的管轄，可能發生疑問。因為兩國斷交已歷廿五年，雖有「台灣關係法」在，細讀該法全文，並無一字提到台灣有個政府存在，從頭到底只說「台灣人民」如何如何，將來如真開庭辯論，會是國際法上一個有趣的問題。

其次，民進黨指責陳由豪的測謊不合法，要他自動返國，也是避重就輕，混淆事實的詭辯。不知道在英美法制下，類此的證詞不論是證人對律師的供述，或測謊器的記錄，依法都可採證。這與美國任何銀行職員都可登記領照成為公證人，而我國只在法院才設此職，是一樣的道理。民進黨在駁斥前，實在該先問問英美法專家才對。

這次鬧劇的教訓，是選舉過後，立院須認真討論通過「政治獻金法」，不可再拖延。新法須訂下最嚴厲的罰則：個人或公司不得超越法定獻金限額，更不准以現金捐獻任何政黨或個人，違者除重罰十倍以上罰金外，並須判處一年以上的有期徒刑。政黨如有隱瞞收受獻金，未依法申報所有捐獻或未保存詳細記錄者，負責人與競選人都應處以徒刑。情節嚴重時，法院可令內政部取消該黨的登記，或取消競選人的資格。只有嚴刑峻法，才能改革台灣敗壞到這樣地步的選舉風氣。

四、查國安密帳　查一帳兩報

（原刊九十三年三月十二日《聯合報》）

檢調單位有沒有走錯路？

國安密帳已經鬧得太久了。我去年早被高等軍事法院檢察官傳訊過，又在立法院委員會議報告過全案經過，本來不想再說話。但看見李登輝前總統回答記者詢問時說：「借錢本來就該還，你說對不對？沒什麼好講的嘛。」這種說法豈但答非所問，而且分明有故意混淆案情、誤導民眾之嫌，不得不重述我當時經手全案的經過。

本案事實非常簡單，但所觸犯的法律可分為兩個部份。八十三年五月，李總統來南非參加曼德拉總統就職典禮，當面答應我可撥一千萬美元幫 ANC 償還競選時欠下的一半債務，另一半則由馬來西亞馬哈地總理援助，獲得解決。那時我國會計年度是從每年七月一日起，至次年六月底止。因會計年度即將結束，外交部預算早已用完，李總統因而令國家安全局支付該筆費用。「鞏案」的名稱還是我起的，以資保密。駐南非大使館與外交部為鞏案所有往來電文，明明都說這筆款項是國安局提供，從未有國安局「墊付」或「暫借」給外交部之說。

一千萬美元為數可觀，南非又有外匯管制；ANC雖已執政，所有銀行都仍由白人掌控。為保密起見，大使館費了三個多月時間，才把全數換成南非幣，故分成三次交付。最後一次付款時，國安局還派胡為真副局長親自來斐，由我帶他拜訪當時的副總統、亦即現任的姆貝基總統，當面說明。曼德拉總統後來又有親筆信向李總統致謝，這些經過在外交部都有卷可查。

依決算法規定，政府機關每年所有開支，在該會計年度結束後兩個月內即應辦理決算。用掉的經費，將單據送審計部審核，就完成報銷手續。鞏案款在民國八十四年度開支後，依理應於次年報銷，最遲不過再拖個一年。但四年之後，國安局忽然函請外交部「歸墊」。外交部派楊清吉會計長來問我，我詳敘事實經過後，認為國安局早該把該款報銷，不能與民間「欠債還錢」相提並論，因而強烈反對歸還這筆款項。胡志強部長當時也有同樣的疑惑，但受蘇志誠「轉達上面的意思」後，不得不從民國八十八年的預算裡，硬擠出一千萬美元給國安局。

因此，要調查本案，首先應向審計部調閱案卷，看國安局在民國八十四至八十八年的報銷裡，有沒有這一千萬美元。即使國安局以保護國家機密為詞，未附送原單據，在報銷單說明中仍可查出真相。如果真已經報銷掉了，那就是「一帳兩報」；從已故的殷宗文局長到傳話的蘇志誠，甚至李前總統，都難逃刑法侵佔公款、偽造文書、與貪汙的罪嫌。這一千萬美元「還」給國安局後，殷故局長指示會計長徐炳強與出納劉冠軍做假帳，將款轉手給尹衍樑，才發生從國內「洗錢」到新加坡，最後又回來的小部份被劉冠軍捲走，大部份則流向台灣綜合研究院第四所的情事。好在選舉即將過去，地方法院預定四月初傳喚李前總統作證，到時紙包不住火，這一部份應該比較容易釐清；台灣綜合研究院應該也還得起這筆錢。

真要查國安密帳，重點應該放在前述第一部份，即涉案各人究竟有無把國家預算款一帳兩報，化公為私，意圖吞佔挪作別用。我所舉的事實，年餘以來在各種場合都已經有人說過。南非則更在一九九五年就已有《標準導報（*Weekly Standard*）》爆料過。我國與南非斷交已逾六年，總不會還怪我洩漏機密吧。

五、老外站台助選　違法

（原刊九十三年三月十日《聯合報》）

諾貝爾和平獎得主　也不能自外於我國法律
國家經費為黨造勢　監察院應予以調查糾正

外交部拿國家公款邀請來台北訪問的貝蒂．威廉斯，在中正紀念堂所謂「非常女人之夜」的台上，右手方是陳水扁總統，左手方站著呂副總統。這位北愛爾蘭出生，定居美國的女教授，大聲地向擠滿全場的綠營群眾說：「你們不是中國人；你們是台灣人」。

沒錯，這位女士在一九七六年因鼓吹和平解決爭端，與麥桂亞共同獲得了諾貝爾和平獎。但她在台北那場向市警局登記在案的「陳呂造勢晚會」上的發言，無論替她辯護的人怎樣巧言解釋，早已超出外交部邀請她來台的原意，分明是在為選舉的一方宣傳。

任何納稅人都有權利提出兩項疑問：

首先，外國人依法不得參與中華民國總統副總統選舉的活動，法有明文。威廉斯怎麼可以公然參與綠營的選舉造勢晚會，而且用如此煽動的言辭挑撥族群感情？若說她不懂得台灣情形，那麼是誰教她說這番話的呢？

其次，國家預算下的邀訪經費，可以藉邀訪計畫為名，找他們來台幫助競選一方造勢嗎？台北市選監小組開罰單之外，監察院應不應該予以調查糾正？審計部應不應該剔除報銷，責由經費充裕的民進黨負擔這筆邀訪經費，包括機票、旅館與其他雜費？

六、趕快立法　設置獨立檢察官

（原刊九十三年三月三日《聯合報》）

陳由豪放話　真假莫辨、是非不明！
現行體制下　能指望檢調主動調查？

陳由豪接連隔海放話，他的每樁指責如果真有其事，都足以震撼全民，動搖國本。總統府的回應卻只有一句話：「不會隨他起舞」，彷彿這樣就能澄清一切。中華民國難道真已淪落到如此是非不明，真假莫辨的地步了麼？難怪美國國務院二月底剛剛公布的二〇〇三年台灣人權報告，仍繼續前一年報告的評估，指出台灣人民對司法是否公正，沒有太大信心。

民主政治的意義，就在於人民有權利知道真相。不可諱言的是在現行體制下，法務部掌握檢調體系人員升遷調動的大權，難望低層會有第二個「包青天」出現；或者位高權重的檢察總長，會主動指示部下去清查被指控涉案的陳哲男或張景森的財務帳目。在被指控者抵死不認帳的情形下，只有一個辦法，就是立法院緊急通過一項特別法，仿照美國與南韓的前例，設置獨立執行職務的特別檢察官，來調查問題嚴重，涉及政府最高層官員的行賄疑案。

特別獨立檢察官 (special independent prosecutor)，英文亦稱「特別法律顧問 (special counsel)」，與一般法院檢察官截然不同。它是拜前美國總統尼克森第二任內水門案之賜，由美國國會立法創設的一種特別職務。獨立檢察官雖由政府任命，他調查的範圍只以任命時指定的某項特案為限，所以並非常設官職。他在行使職權時，不受任何人的節制，可以調閱任何機關任何案卷，被調閱者不得提出異議或以國家機密為詞拒絕。調查時所蒐集到的證據是否公開，由他全權決定。等任務結束，提出正式報告後，他的職務就此終結，辦公室也就此解散。

一九七八年美國國會通過這項法律後，尼克森自知不免，主動辭職，由福特繼任總統，旋即下令赦免尼氏在任期內可能觸犯法律的任何行為，曾引起輿論大嘩。此後美國史上設置特別獨立檢察官共計十一次，但其重要性反而隨時間遞減。美國主流社會繼承基督教的傳統，本來就有極高的道德水準與共識，公共人物一旦被人指責違法，證據確鑿時，唯有主動辭職之一途。所以到一九九九年七月一日，該法因原定有效期限屆滿，自動失效了。

南韓也有特別獨立檢察官法，比美國尤為嚴峻。現任盧武鉉大統領正面對他政治生涯中最困難的關頭，主要就因為國會去年十一月十日通過設置特別檢察官，專門調查青瓦台總統府內他的親信弄權舞弊疑案。當時執政黨全體議員因抗議缺席，全案以一八三票對兩票通過後，盧氏依憲法規定予以否決。但十二月四日國會覆議該案時，執政黨議員雖然回來投票，卻只有五四票，相對於三個反對黨聯手的二〇九票，比上次輸得更慘，迫使盧大統領不得不簽署成為法律。照民意趨勢看來，南韓下月國會選舉時，盧氏處境勢將比現在更糟，這就是民意的力量。

南韓能，台灣為何不能？討論「特別獨立檢察官設置法」時，我們可以師法美國，訂下特別法的有效期限，如五年或十年。也可以學南韓，雖有母法在，每次專門針對一事由立法院特別通過一個議案後，再來選任一位備受人民尊敬，公正清廉不容置疑的現任或退休法官，甚或社會人士擔任特定事項的調查起訴工作。至於實際審判，儘可交由高等或最高法院去審理。因為只要全民都知道案件的真實內情，涉案被起訴者再也無顏戀棧，應該辭去公職，這項特別法的目的就已經達到了。

七、連戰　終於走出自己的路

（原刊九十三年二月廿三日《聯合報》）

從四年前落選沮喪　到今天的戰志昂揚

扁連第二次辯論結束了，報紙詳盡無遺地報導兩人發言內容，電視評論逐字推敲哪個議題上誰贏誰輸；只有一項似乎著墨無多：那就是一般民眾心目中對雙方主將的整體認識。

一年前「連宋配」剛剛宣布的時候，有人質疑連戰二〇〇〇年落後扁宋兩人一百多萬票，現在卻後來居上，能否擔得起揮舞國親兩黨聯盟大旗的重任？民進黨也馬上見縫插針、明譏暗諷地調侃連戰，說他如果當選，可能被宋楚瑜牽著鼻子走。甚至許多一向支持藍營的人士，也有同樣的顧慮。

正因為平時不太注意政治行情的老百姓，對連戰過去評價不是那麼高，第一場辯論後大家打分數時，評估連戰在辯論中表現的標準，似乎要略寬一些。所以辯論前的媒體民調顯示，對於辯論結果的預期，大多數民眾看好陳水扁，但十四日辯論後當晚，再問何人表現較好，認為陳水扁獲勝的雖仍維持多數，而認為連戰表現不錯的，竟大幅躍升。

看過第二場辯論後，連戰的穩健、信心、對大政方針的掌握、尤其所呈現的大將風度，確實令許多人「刮目相看」。所以辯論當晚的民調，認為連戰表現較好的，還略勝一籌。包括平素支持陳呂配的人士，都認為連戰「有進步」。

其實連戰四年來不斷在進步；在公共場合聽他講話，每次都比前次更自然，更流利順暢；不論使用中文或英文，他總是侃侃而談，從不照稿宣讀。只是平常人不太察覺；一旦發現了，在認知上才產生如夢初醒之感。媒體也是一樣，因而有電視台把連戰這次的辯才無礙，歸之於幾天前輔選幹部的「惡性補習」，未免可笑。總統候選人辯論的題材包羅萬象；對手攻擊的方向或可預估，專家學者怎樣提問則實難預測。若非平素留心用功，資質再怎麼優異，能記得這麼多嗎？

選民對泛藍候選人的評價，能如此「潛移默化」，宋楚瑜謹守「老二」分際之功不可沒。假如連戰這幾年來，從世家子弟轉換成政治領袖的過程，沒有這樣渾然天成，也不會贏得宋楚瑜的心服口服。只看民進黨現在不敢再質疑連戰在泛藍陣營的領導地位，就可印證連戰角色轉換的成功。

四年來從落選後一度沮喪灰心，到今天恢復堅強戰志，連戰可說確實走出了自己的路。而這才是他在兩次辯論中最重要的收穫。

八、拒領公投票　向違法硬拗說「不」

（原刊九十三年二月廿日《聯合報》）

聯合國大會裡，把投票分成四類：贊同、反對、棄權、不參加投票。可見拒領公投票也是一種投票方式

離投票只剩一個月，受行政院挾制的中選會雖還在扭捏作態，從王清峰委員與苗栗選委會主委古鎮清辭職事件看來，公投終究會按照民進黨的指示辦理。根據報導：公投兩個問題會分開投票，不用單獨一張而是用兩張票；不用贊成或反對字眼，而用「○」與「×」代替；最重要的差別是，領票而投廢票，仍將併入投票率計算。這樣一來，只要投票率超過百分之五十，政府就可宣稱勝利。只有拒領公投票，才會影響到投票率的高低，從而讓民進黨把公投與總統選舉綁在一起的陽謀無法得逞。

一般老百姓看來，不領票和投廢票，似乎沒有什麼不同！這種表面看來極其細微的

差別，在國際上卻早有先例。卅幾年前，我在聯合國大會裡，就發現會議規則把投票分成四類：贊同、反對、棄權 (abstention) 與不參加投票 (present but not voting)。投棄權票，只代表該國對本案並無意見，或者飽受正反兩面拉票的壓力，進退兩難，藉此避免捲入爭議而已。至於「不參加投票」，則是專為那些認為此案根本不該付諸表決的國家而設，含有基本上反對或譴責這類案件之意。如拿國際慣例與台灣此次爭議比較，拒領公投票也是一種投票方式，而且正符合「不參加投票」的意義。

立法院通過的公投法第四章第三十條，明確規定：「公民投票案投票結果，投票人數達全國、直轄市、縣（市）投票權人總數二分之一以上，且有效票數超過二分之一同意者，即為通過。投票人數不足前項規定數額或未有有效投票數超過二分之一同意者，均為否決。」這就是領票與不領票的差別；換句話說，領了公投票而投廢票，計算時會增加投票的總人數，因而可能幫助公投過關。只有根本不領票，才能表示民眾對政府違法硬拗強迫行為的抗議。

陳總統在桃園參加陳呂競選總部成立造勢大會，以及總統府秘書長邱義仁在台北向記者發言，不約而同地指不領公投票是「非常糟糕的行為」。他們勸大家「不要中計」，免得「合了共產黨的意思」。陳總統說：如果愛台灣，如果愛民主，就一定要領公投票。邱義仁更把不領公投票與反對民主劃上等號。看完報紙後，我真是一頭霧水。從兩組總統候選人中選一組的那張票，才能叫做「選票」；另外兩張詢問人民意見的，分明是「公投票」，怎麼能把它們也叫做選票呢？全世界除今日是非不明的台灣外，有哪個國家曾把公投票叫做選票的？請陳總統與邱秘書長明白告訴我們。

民進黨專會給人戴紅帽子的伎倆，過去或能蠱惑人於一時；次數太多了，早已被大家看穿。在愛台灣與愛民主這兩點上，我相信台灣絕大多數人民都不後人。一竹篙打翻一船人，既不合邏輯，更不道德。總統候選人還有一場辯論，公投辯論可能要辦十場。我希望兩種辯論時，正反雙方應該把話說清楚，別再似是而非地誤導或欺騙民眾。選舉總統的票是選票，站在公民立場，絕對不可放棄。公投票則完全是另一碼事，拒領公投票是我們行使公民權利的一種方式，假如聽民進黨的話去領票，才真會「中計」。

九、第一夫人的股票

（原刊九十三年二月十四日《聯合晚報》）

升斗小民看見總統夫人在短短一個多月內進出股市，斬獲之豐，不免垂涎三尺。但陳水扁已經先說了，他起初並不知道吳淑珍在炒股票，也認為這種事最好不做為妙。既然連陳總統都管不了第一夫人，老百姓囉嗦幾句，諒來也不會有任何效果。

依照公職人員財產申報法第七條規定，公職人員、其配偶及子女有「買賣、互易、贈受不動產，或一定期間內累計交易達一定金額之上市（上櫃）股票者」，都應在期限內申報。據監察院說，這是陳總統首次申報股票交易，但你能相信，手筆這麼大的吳淑珍夫人，從陳總統就職迄今，這是首次在兩個月內進出股市超過一千萬元嗎？

與財產申報法並行且有互補作用的公職人員利益衝突迴避法，是陳總統於八十九年七月十二日明令公布施行的。它適用於公職人員、其配偶、共同生活家屬，以及雖不同住卻在二親等內之家屬。它的限制範圍極廣，包括財產上利益和非財產上利益。前者包括股票、外幣、房地產以及任何金錢利益；後者特指關係人在「政府機關、公立學校、公營事業機構之任用、升遷、調動及其它人事措施」。所有公職人員都該自知迴避，總統夫人更不待說了。

這幾天，民眾無不對總統府的「水餃餐」與金控公司換人的傳說，印象深刻。陳由豪夫人透過關係去見吳淑珍解釋的時候，不知總統府有沒有人想到利益衝突迴避法的存在?·西諺云「凱撒的太太必須讓人毫不懷疑她的貞節 (Caesar's wife must be above suspicion)」，台灣的貪汙腐敗簡直快要超過羅馬帝國末年了。

十、吳憶樺案會否影響南部選情？

（原刊九十三年二月十二日《聯合報》）

吳憶樺回巴西去了。在關心他的權利外，令我感覺詫異的是本案與二〇〇〇年美國的龔查雷斯 (Elian Gonzales) 案有太多相似之處。尤其因為本案轟動全國，不無可能像美國那樣，影響到總統選舉的勝負。

龔查雷斯是一名古巴男孩。一九九九年十一月，他年僅六歲，隨已離婚的母親偷渡赴美；小船傾覆，他母親與船上其餘十名乘客都葬身魚腹，唯獨他抱著一隻內胎漂流獲救，被邁阿密的大伯父 Lazaro 收養。他在古巴的生父 Juan Miguel 此時出來主張撫育權利，纏訟法庭數月之久。邁阿密三分之一是古巴人，向來激烈反共，自然不願讓他回到共產國家。古巴政府則為顏面起見，公開支持他父親，資助此人到華盛頓向美國司法部陳情。美國各地大小報紙一連幾個月，成篇累牘地報導這則富有人情味的新聞，稱他作「世界最有名的小難民」。

法院判決男孩應交還給生父。柯林頓政府那時也想與古巴卡斯特羅政權和解，因此在第二年四月廿二日清晨，移民局人員突襲他伯父的住處，舉槍阻止家屬的拉扯抵抗，把男孩帶走，交給他父親帶回古巴。這下惹火了邁阿密的古巴社會，群起指責聯邦政府不公。正巧遇上選舉年，兩黨勢均力敵，古巴裔選民因此遷怒到執政的民主黨身上。那年美國的總統大選，勝負最後決定於佛羅里達州，在佛州最高法院又糾纏許久，最後判定布希當選，相差只五百三十七票。假若沒有這件案子，多年來習慣支持民主黨的佛州可能不會倒向共和黨，布希也就不會成為總統了。

這兩樁案子自然並不完全一樣，但它們相同之處在於，法院都是依法判決，政府可能揹了黑鍋。雖然高級知識分子不會怪罪陳呂配，但南部許多地下電台乃至民間談論，卻責備政府「無能」，沒有留住這名台灣人的子孫。政治本來就有講不通道理的地方，選民也並非個個都頭腦清醒，這是民主代價的一部份，無法避免。

吳憶樺案會不會影響到南部的選情呢？答案就快揭曉了。

十一、解讀阿米塔吉　誰在誤導民眾？

（原刊九十三年二月三日《聯合報》）

有記者問：既然美國對台有如此大影響力，為什麼台灣領導人沒有聽懂美國的訊息……

美國副國務卿阿米塔吉 (Richard L. Armitage) 訪問北京時，不改他敢說敢當的個性，接受CNN專訪外，又與十二位美國媒體駐大陸記者圓桌會談，有問必答，妙語如珠。消息傳到台北，媒體雖有報導，不知是否多數編輯記者們懶得上網查閱國務院隨即發布的原文，或是「府院黨」有意曲解他的說辭，這幾天的不少報導頗有背離事實之處。人民有獲悉真相的權利，所以我不憚辭費，重新引述一番。

首先，政府與執政黨都說阿米塔吉的「說法中性」，沒有提反對一字。CNN的第三問是：「為什麼美國跳出來如此明確地反對台灣獨立以及計畫中的公投呢？(Why has the

U.S. come out so explicitly against the idea of Taiwan independence and the planned Taiwan referendum?)」阿氏答說：「你問我美國為何如此？布希總統說了，美國反對任何一方片面更改現狀的行為。(Why the United States? What President Bush has said is that the United States opposes unilateral activity by either side which alters the status quo.)」

多數報導都因著重他接下去質疑公投必要性的話，因而忽略了這兩句開場白。某報駐北京記者因為無從參加阿氏僅限美國記者的圓桌會就寫新聞，以致該報標題竟指阿氏「未說反對」，造成國內自我安慰的解讀。首席副國務卿重複申述美國的反對，而且引用總統的言辭，難道不算反對嗎？府院黨說美國只是「不支持也不反對」，明顯地有欺騙人民之嫌。

其次，阿氏這次訪問大陸雖然談了許多題目，恐怕主要還是為兩岸情勢嚴峻，去探聽中共的底牌。所以他在解釋美國不認為這兩則公布的議題有舉行公投的必要後，接著說：「我們在非常小心地研究它，不但是書面上的文字，更要研究背後的含意，以及在內部可能的用法。這是個非常不穩定的，而且可說是爆炸性的情勢。(We are looking at it very carefully, and we want to study not only the words which were written on the paper, but also the context in which they are used, the domestic way in which they may be used. It's a very fluid and, one could say, dynamic situation.)」

CNN 記者立即追問說：「你擔心台海可能產生對峙狀況嗎？」我很欣賞阿氏的回答。他說：「我的頭髮很久以前就掉完了，提心吊膽對於解決問題並無幫助。」記者還不放手，繼續追問在台海劍拔弩張情勢中，難道美國不會夾在中間被捲入麼？阿氏雖有些不耐，仍回答說：「美國有自己的主見，掌握自己的命運。」「但我們會盡一切力量確保不致有任何衝突發生，那就是美國努力的方向。(We are going to do our utmost to make sure that situation, that there isn't any kind of conflict that comes about. That's where the U.S. efforts will be spent.)」

與駐大陸美國記者圓桌晤談時，記者們第一個問題就問阿米塔吉，鑑於公投議題業經宣布，美國曾否獲得中共承諾，不再升高軍事或言詞上施壓？阿氏坦白答稱：「沒有，我沒有獲得什麼保證」。接下去談的都是台海危機，到第三問時，阿氏又說：「無論在華盛頓或在此地，我們往返訪問與討論過許多次台灣問題。布希總統已經清楚表示我們反對，美國反對任何一方片面改變現狀的行為。我們雖然尊重台灣的民主，但辦公投確實引起若干疑問。(Recently in Washington, and elsewhere here, we've had back and forth visits and discussions of Taiwan. President Bush has made it quite clear and we are opposed, the United States is opposed, to any unilateral action which alters the status quo. As much as we respect Taiwan's democracy, the referendum in question does raise some questions.)」

第三，我個人深信，今天美國與大陸間外交折衝的首要難題，就是台海危機。阿米塔吉前腳剛走，國台辦主任陳雲林今天立即趕往華府，顯然中共當局對於阿米塔吉再度明言美國反對公投，仍然不滿意，要逼使美國做出進一步的動作。在北京與記者圓桌晤談將近結束時，有個記者單刀直入地問他：「根據你今天與大陸領導人談話所獲印象，以及你分析台灣公投議題文字的結果，你認為大陸在選前選後，對台灣試射飛彈或動武的可能性如何？」

阿米塔吉顯然很不喜歡這樣的問題，一反常態地立即反駁：「你看我像個傻瓜嗎？我才不會回答這種假設性的問題呢。」記者辯說這不是假設性的問題；阿氏仍說，這確實是個假設性問題，他如果不慎回答，只會引起無窮困擾。從他答話的語氣，可見美國高層對台灣公投牽動國際局勢的敏感，而這敏感的根源正是中共不肯放棄施壓。施壓背後的底牌又是什麼呢？

從所有跡象看來，因為陳總統堅持辦公投，美國與大陸的關係也處在千鈞一髮的關鍵時刻。圓桌晤談時，有個記者問「既然美國對台有如此大的影響力，為什麼台灣領導人沒有聽懂美國的訊息？(Given the huge leverage the U.S. has in Taiwan, why do the Taiwanese leaders not get the U.S. message clearly?)」阿米塔吉回答說：「我想你該去問台灣的領導人他如何解讀美國來的訊息。(Well, I think you'd have to ask the leader of Taiwan what he thinks the message is.)」

總統先生，你聽到了嗎？

十二、謾罵到國際　徒惹人譏

（原刊九十三年一月卅日《聯合報》）

美國、日本未被罵「可恥」　我政府外交的統一原則在哪裡？

胡錦濤到法國總統府作客，與席哈克共同舉行記者會，在國民議會演講，引起陳水扁政府一陣騷動。陳總統說真正受損失的是法國，還算保持了些風度。呂副總統直接用「可恥」一詞形容外國的現任元首，要「代表台灣人民痛罵回去」。驟聽之下，使我產生一種時空錯亂的感覺：我們是置身於廿一世紀國際化了的台灣呢，還是轉變成四十年前毛澤東專政的大陸社會了？

回顧民進黨執政四年來，我與法國的關係實乏善可述。高鐵招標時，歐洲各國很想分一杯羹，結果硬被日本搶去。華航買飛機，評估以空中巴士較為適宜，政府卻為應付美國，壓迫華航把訂單分一半給了波音。相形之下，大陸廣大市場對法國的誘惑，台灣真是望塵莫及。胡錦濤透露，北京與法國去年雙邊貿易達一百三十億美元，法商在大陸投資共二三〇二個項目，總值六十一億四千萬美元。他率領的代表團此次與法國工商界簽署的多項購買合約，還未計在內。空罵別人見利忘義，只顯示自己太差勁，無力競爭。

從席哈克與法國立場而言，並沒虧欠台灣什麼。他和胡錦濤的聯合聲明，用詞相當謹慎，並未超越美國布希總統十二月九日當溫家寶面發言的範圍。府院高層決定採取具體行動表達強烈抗議，豈但有點惱羞成怒，而且徒然會被譏為不自量力。我們沒有金額龐大的訂單可以取消，行政院於是命令文建會與國科會兩位主任委員延後或縮短訪法行程。再仔細看新聞報導，原來陳郁秀主委如果成行，只是去頒發廿五萬法郎的台法文化獎，而魏哲和主委如從德國轉往法國，也只是去頒發一項台法科技獎。這樣的單向「交流」休說延期，即使斷然取消，有誰相信就能使法國驚嚇得改變已經發表的公報嗎？

我們不是不能反駁席哈克，但要別人聆聽，必須使用他能聽得懂的語言。法國大革命喊出的自由、民主、平等的口號，本是舉世奉行的價值；天安門事件後，法國支持大陸民主運動的正義表現，甚至超越美國。法國在野黨也不斷批評席哈克的政績，但都用理智說明，從不涉及謾罵。台灣這種不成熟的反應，只會被他人譏笑，使識者汗顏。我們也可從席哈克因為去年初反對伊拉克戰爭，得罪了布希總統，因而急於加強與中共的友好關係，以平衡從大西洋彼岸來的壓力，用學術性的語言指出他在玩弄國際政治。不論有無邦交，國與國間必須維持最低限度的禮儀，這是幾百年來外交發展成為一門學識的基本原則，尤其一個文明國家的政府，不可不顧。

退一步而言，如果僅因席哈克明言反對我國舉行公投而抗議，至少也該對所有國家一視同仁，一體看待。美國率先表示反對，陳總統立即修正了公投議題，呂副總統也並未罵布希可恥。日本應美國之請隨而反對，只有羅福全在東京開記者會批評，總統府與行政院未作一聲。法國繼而效尤，卻引起這麼大的反應。若說我國政府外交有統一的原則，有誰還會相信？

我所擔憂的，不只是政府中某些人如此脫離外交常軌的表現，而是台灣從去年底以來，一連串歇斯底里的動作，真與六〇年代毛澤東發動文化大革命時，全大陸都好像喪失了理智，對世界各國天天抗議叫囂的瘋狂情形，有些類似。我們難道真的放棄了五十年來的民主教育，偏去學毛澤東時代的大陸嗎？我實在不敢想像。

十三、哪有這樣辦外交的？

原刊九十三年一月廿八日《中國時報》

春節假期前，相信很多人和我一樣，茫然不知我國和日本間，有所謂「公投照會風波」這麼一場誤會。讀廿七日《中國時報》後，才如夢初醒，但從個人畢生從事外交的經驗，看駐日羅代表福全的作為，又有許多大惑不解的地方。

首先，我國外交處境的艱困，國人皆知，無待辭費。從一九七〇年代到現在，外交人員在極端困難下，發展出來一套務實外交模式，使我國與世界重要大國雖無正式關係，仍能有實質交往，並能照顧到旅外國民權益，得來不易。其關鍵就是我國外交官與大陸早期駐外的那些土包子們不同；我們知道遵循國際交往的規矩，更懂得外交官不能干涉他國內政的基本原則。

一九六一年簽訂的「維也納外交關係公約」，中華民國當年也是簽字國。它最重要的精神，就是一國派駐他國的外交官必須以駐在國外交部為唯一的交涉對象。外交官必須謹言慎行，否則駐在國隨時得要求派遣國予以召回，無須說明理由。試想假如包道格處長在台北舉行美國駐台記者招待會，批評我國外交部「玩花樣，不誠實」；或者程建人代表在華府對台灣記者指責美國國務院「作法不對，對台灣造成傷害」，會引起什麼樣的風波？

其次，外交交涉屬於秘密範圍。除非遞出照會的一方主動發布，收受照會的一方有保密的義務；如果不經同意發表，即構成極不友好的行為。日本交流協會駐台北所長內田勝久年底前拜會總統府秘書長邱義仁，送交有關公投的外交照會，是兩國間很嚴肅的一件事，應該留待總統府與外交部去處理。羅代表儘可不贊同日方這種舉措，但絕無公開批評之理。僅憑這一點，日本外務省就有權利以不適任為由，或者根本不說明理由，要求我國政府將他召回。

第三，官僚體系是日本的安定力量，官員受法律保障，不一定要聽國會各黨議員的指示。羅代表不去向外務省辦交涉，卻去找政壇大老如中曾根康弘、宮澤喜一、中川昭一、平昭糾夫等訴苦。這些人或者已經過氣，或者是「太極拳高手」，最擅長拿一套不痛不癢的說詞，讓你聽了很滿意，卻於事無補。他們應不應該給羅福全看外務省的說帖，姑且不論。但三份說帖因其對象不同，對議員、記者的版本與送給我方的正式外交照會，文字如有出入，純屬日本內部事務，絕非一位當事國駐日代表所能干涉。因此而痛加指責，更太踰越分寸了。

第四，日本外務省組織表裡，外務審議官田中均的職務相當於我國常務次長，不可隨便說他在「刻意隱瞞」。中國課課長崛之內秀久的官階雖不高，卻掌管包括台灣在內的大中華地區所有業務，正如我國諺語所稱「不怕官，只怕管」，不論就外交慣例或人際關係而言，都得罪不起。依據各報駐日特派員發回的報導，羅代表竟指摘他因去年北韓難民逃入駐瀋陽日本領事館案件處理不當，曾受訓誡「有前科」在身。這種做法實已接近人身攻擊，我很難想像今後此人對台灣的觀感如何，在他處理涉台事務時，又會產生什麼樣的影響。

最重要的是，外交與國內政治完全是兩碼事。國內政壇人士慣於隔空叫罵，反正即使惹怒了你，也拿我毫無辦法。外交卻需要默默地埋首工作，靠不斷的接觸與溝通，一點一滴地改變對手的想法與政策。辦外交要勤跑駐在國外交部，廣結善緣，而非開記者會或借媒體「痛斥」對方，那樣做只會陷國家於困境，越搞越糟！

十四、罵人比爛揭瘡疤　不會贏

（原刊九十三年一月廿七日《聯合報》）

美國初選的啟示　狄恩失態注定出局　回復理性論政　選將選民雙贏

年假期間，報紙縮版，電視裡烏煙瘴氣的互相攻訐大量減少，多少令人耳目清涼了幾分。民眾總算過了個安靜快樂的春節。與朋友閒談，凡注意到週來美國新聞的人，都希望台灣的選戰也能像美國一樣，從互批濫罵恢復到清白論政的格調，只是不知道我們有無這樣的福氣。

台灣吃年夜飯前後，美國有兩條大新聞：一是愛奧華州大小城市的民主黨初選集會結果揭曉，二是布希總統在國會兩院聯席會議的演講，亦即所謂一年一度的「國情咨文」。

先談後者，我們有些媒體從業人員，不知是否受總統府內人士的影響，竟然把陳水扁總統宣布公投議題的時機，解讀成趕在布希發表國情咨文之前發表，難免會讓外國人笑掉大牙。老實說，無論就整體國力或公投爭議的重要性而言，台灣要被美國總統在國情咨文裡提起，還差得遠呢。

更進一層想，台灣當前政情與布希的國情咨文應該離得越遠越好。今日我國處境正合所謂「沒有消息就是好消息」這句話。政府與執政黨裡極少數負責與美國朝野連繫的人，如果在派遣宣達團赴美被拒後，仍寄望於卡西迪公關公司遊說，或透過國會議員寫信之類的動作，能改善白宮對公投問題的反感，還是趁早死掉這條心為妙。

君不見，至今沒有美國議員開口為台灣要舉辦公投辯護。更有甚者，美國報紙或智庫評論幾乎清一色都批評陳總統不該純因選情不利，就去挑戰兩岸關係。我所見最能引發會心微笑的評語，是華府CSIS所屬《太平洋論壇》一篇文章裡的比喻，說陳總統此舉無異「一條尾巴同時企圖要搖華府與北京兩條狗（a tail that tries to wag both Washington and Beijing）」。英文俗語有云，天下只有狗搖尾巴，哪有尾巴倒過來去搖狗的道理？此君拿陳總統左批美國右打中共的英雄行為作比，真是傳神之筆。

收看CNN現場轉播布希總統的國情演說，最打動我的一句話是：「要使外交收效，說話必須可信；今天沒有人能再懷疑美國的話了。」我衷誠希望當政者能三復斯言，別再把美國的話當作耳邊風，以為當選後仍可彌補裂縫，到頭來吃虧的還是全體國民。

再談民主黨初選。愛奧華州初選制度與美國其餘各州不同，不是讓民主黨註冊選民去投票所投票，而是在所有大小城鎮召集黨員開會，分別推舉支持不同總統候選人的代表，彙總計算出贏得最多將代表愛州出席夏天民主黨全國代表大會人數者為勝。在此之前，民主黨八位競選者中，聲勢最浩大、最被看好的是前佛蒙特州州長狄恩，但結果竟遭滑鐵盧，讓所有媒體都跌破了眼鏡。

狄恩的競選口號原本只有一條，就是反對伊拉克戰爭。他利用網路募款並招募志工，獲得大批青年投效，一年來籌到四千一百萬美元競選經費，幾與其餘人所獲總數相侔，志得意滿之餘，不免驕縱。十九日晚得知在原被看好的愛奧華州，僅僅名列第三，氣得破口大罵，連日被脫口秀者爭相摹倣取笑。媒體與社會大眾的結論是：情緒這樣不穩定的人，怎能擔當總統重任？廿七日除非他能扭轉頹勢，贏得新罕布夏州的初選，否則勢將出局。而從這幾天看來，他反敗為勝的機會渺茫得很。

布希國情演說的主題，就是反恐戰爭不可半途而廢。美國人愛國心強烈，有主流意見支持，一般認為布希應可順利連任。一週以前，大多數人判斷狄恩因為迎合傳統自由主義與青年人的反戰心理，極可能贏得民主黨提名，但到大選時肯定會輸給布希。因此如希拉蕊・柯林頓那樣的聰明人，過去支持對伊拉克出兵，如今索性袖手旁觀，等到二〇〇八年再來競逐總統寶座。布希陣營的謀士公開說，他們最喜歡的大選對手就是狄恩，因為要贏他最不費力。

狄恩的選情在短短幾天內盛極而衰，在美國歷史上也極少見。今年競逐民主黨總統候選人職位者，開始時原有十人之多，在電視上已公開辯論多次。本月以前，其餘各人莫不把狄恩當作假想敵，集中火力打擊他。如今狄恩已無足輕重，剩下的六名候選人以及傳統支持民主黨的工會與自由派勢力似乎又恢復了理智，重新討論起真正有關經濟的選戰主軸，如預算赤字、醫療保險、與所得稅率等課題。

選總統原本就是選擇國家未來應走的路線；既不應互相比爛揭瘡疤，甚至清算到人家的祖宗三代，也不該異想天開地亂拋新議題，只求避談四年來的執政成績。台灣選民水準實際已相當成熟，對雙方陣營砲火連天卻毫無實質內容，也早已厭倦到了極點。美國因元月份兩場預選刺激，從亂打高空回復到選舉主題的辯論，正是民主成熟的表現。台灣能否由此得到啟示，就要看藍綠領導人的政治智慧了。

十五、總統照選　公投棄權

（原刊九十三年一月十九日《聯合報》）

選舉輸贏一回事　為避免下任當政者錯用民主

投票時　讓我們對第二張選票棄權吧！

從核四與加入WHO公投、新憲公投、防禦性公投，到和平公投，紛紛擾擾五十幾天後，陳水扁總統終於被迫自食前言，在美國強大壓力下，放棄了他從十一月廿八日，也即公投法通過第二天立即宣布而後又一變再變的計畫，把公投議題縮減成為不痛不癢的兩項。

政府雖然讓步了，選民意見的紛歧依然如舊。公投議題第一問：「你是不是同意政府增加購置反飛彈裝備，強化台灣自我防衛能力？」起草者原以為不會有人反對的，不想民意調查顯示，不贊成的比例竟超過贊成。連帶使得它的副作用，即拿軍購肥羊去賄賂美國政府，使布希總統難再明言反對，也有點靠不住了。白宮與國務院發言人雖然承認公布的議題文字已有相當彈性，但只說會仔細研究。美國要等大陸定調，才會看情形作更進一步的反應。

第二問要全國民眾表態：「你是不是同意政府與中共展開協商談判，推動建立兩岸和平穩定的互動架構，謀求兩岸的共識與人民的福祉？」順理成章，得到了過半數民調的贊同。這是拜前幾天獲得廣泛迴響，由王永慶、李遠哲、林懷民三人簽署的〈我們對總統大選的沉重表白〉之賜，表白的第三點「建構和平穩定的內外關係，以維護發展命脈」，措詞雖然含蓄，明明就在指政府四年來在兩岸關係上言行不一，說一套做的又是另一套，才造成今日的台海危機。

但是這三位工商、學術、與文化界代表性人物的主要訴求：「放下仇恨，遠離偏激，找回清明和理性，……藉由一場高尚格調與深度內涵的選舉，終結台灣混亂困頓的情勢」，不論執政黨或反對黨，有沒有真正洗心革面，照著去做呢？我寧願把結論留給讀者自己去判斷。

綠營端出議題後，藍營的對策仍未脫離選戰思維，無論是適法性爭議、交國會表決、或聲請釋憲，老百姓看不懂是怎麼回事，只感覺政黨惡鬥還在糾纏不休，徒然招致反感。從大多數沉默的中間選民立場來看公投，最好的辦法就是不理會，也不參加。換句話說：總統照選，但對公投棄權！

陳總統宣布的公投兩項議題背後，實際隱藏著一項政治考量。說穿了簡單得很，雖然中央選舉委員會至今尚未正式討論如何配合大選辦理公投的細節，到時總不外使用兩張票：一張專供圈選總統與副總統，另一張則要求選民就這兩項議題作是非選擇。

第二張票的措詞，正面自然用「贊成」，反面意見究竟用「不贊成」或「反對」，並不重要。選民已經進入圈票處了，不論你投綠營還是投藍營，在投過第一張總統選票後，心情放輕鬆了，我相信到時絕大多數人從直覺判斷，這有什麼不好嗎？因此對這兩項公投議題，很可能隨手投下「贊成」票。

總統選舉誰贏誰輸，那是另一回事，與本文無關。但統計第二張票的結果，只要有過半數人贊成，陳水扁與民進黨就可振振有詞地以民意為護符，不論在他第二任四年裡，或重新作為在野黨時，掀風作浪，不知又變出什麼花樣來。〈沉重表白〉裡最令人感動的呼籲：「割裂的社會亟待縫補，重創的傷口亟待彌合，落後的施政與立法時程亟待追趕」，恐怕真會變成可望而不可即的遠景了。

政府雖然有錯在先，不得不向美國低頭，作為中華民國一分子，並非我所樂見。鳳凰衛視阮次山在訪問鮑爾國務卿時，用極不尊敬的言詞稱呼陳總統，我也深感憤慨。但那些都是旁枝末節，與總統選舉無關。台灣前途握在中間選民手裡，不論你最後決定選陳呂配或是連宋配，為避免下任當政者「錯用民主」，「輕蔑」兩千三百萬人民，讓我們大家一同在投票時，對第二張選票全體棄權，顯示真正的民意。

棄權也要有技巧；有選舉經驗的朋友說，要在贊成與反對兩個格子裡都按上紅圈圈，才能確保不會被計算成支持公投，可供大家參考。

十六、編辭典的甜酸苦辣　周旋雙語之間

（原刊九十二年十二月廿八日《聯合報‧讀書人》）

大學裡，我讀的是外交系。畢業後在南京《大剛報》，從社會新聞開始，最後跑到國共和談；又被派為廬山特派員、上海辦事處主任。韓戰當翻譯官回台後，在當年還只是油印的英文《中國日報》工作，所以赴美國進修時，選了新聞研究所。轉眼已經半個世紀，如今退休，除偶爾搖筆為文外，原只在淡江大學國際研究學院與外交人員講習所兼些課。去年初夏，應三民創辦人劉振強兄之邀，主編《三民簡明英漢辭典》，前後費時一年有餘才出版。自己想想也有點好笑，我怎麼會編起辭典來了呢？

新編英漢辭典語類　超過十四萬則

這不是一本薄薄只供國中程度學生用的小字典。它所根據的《三省堂簡明英和辭典》，在日本家喻戶曉，已有八十幾年歷史。二〇〇一年「全面改訂」後的第十三版，總

計有七萬五千條字彙，收錄項目包括片語例句等，總數逾十三萬則，厚一六三〇頁；可說是本體積不大，氣勢卻很磅礡的出版物。

我接手以前，三民書局的編輯們已經辛苦工作了一年多。英文早已是國際語言，每月都有新字新詞產生，所以這一年多來，我又增加了四千五百多個辭條。現在有電腦排版，可以精確地計算出排字的數目。因此「三民版」英漢辭典，共收了七萬九千五百條字彙、一九四〇一則片語、一四五〇二個衍生字與二六六一九則例句，總收語類超過十四萬則。頁數達一七四六頁，比日文原本又厚了一一六頁。

九一一　邪惡軸心　新字入典

我加入了些什麼新字呢？首先自然是九一一事件後，國際流行的新字彙，從 Al Qaeda（奉賓拉登為領袖的基地組織）、Baath（伊拉克的社會主義黨）、Taliban（阿富汗神學士政權）到小布希總統使用的 axis of evil（邪惡軸心）與 regime change（外力變更某國的政權），乃至伊拉克戰時的 shock and awe（極度震懾的戰術）與 embedded（媒體派記者隨軍在第一線採訪），都是耳熟能詳的例子。

電腦已是世界潮流，且不提 Java（美國昇揚公司 Sun Systems 發展出來的一種新的程式語言）或 cybernautics（與電腦軟體有關學問的總稱）；即使每天使用電腦的上網族，也未必知道 http（hypertext transfer protocol 超文件傳輸通訊協定）或 FAQ（frequently asked questions 常見問題集）代表什麼意義；以上這些字在日文版裡都找不到。但電腦新字據計算有一萬三千個左右，本書自然無法全收，只能收錄最常遭遇的幾百字，其餘要等電腦專門辭典去做了。

適應潮流　粗話上陣

經濟全球化是不可抵擋的趨勢，與人人都有關係。因此我特別注重台灣常見的縮寫字，如 CEPA（closer economic partnership arrangement 今年六月大陸與香港簽訂的「密切經濟夥伴關係」）、AMC（asset management corporation 資產管理公司）、RTC（resolution trust corporation 資產重整公司），乃至 M1（貨幣供給量）、M2（M1 再加商業銀行的儲蓄存款）、M3（廣義貨幣，即 M2 再加在美稱為儲蓄互助機構，而我國叫做信用合作社的存款及股份）、PPP（purchasing power parity 購買力平價）等，這本辭典裡都收進去了。

中國人到國外說英語，最感覺茫然無助的就是粗話；這裡面包括罵人的語言（cuss-words) 與牽涉到性器官的字彙 (dirty words)。二十世紀後期性開放以來，這類字大量增加，美國已出版有專門性質的辭典。我在這本裡也收集了幾百個最通用的詞彙，應該足夠應付日常所需了。

華人在國外，另一項常遭遇的困難是不會點菜，更不懂各種酒的類別。中文版特地增加了幾百條烹飪與酒類的字彙，從法國與義大利的名菜，到各種雞尾酒的名稱，以補日文版的不足。外國人把發酵釀製的酒 (wine) 與烈酒 (liquor) 嚴格分別，辭典裡也特予說明。他們對葡萄酒有偏好，但紅葡萄酒又有 Red、Rosé、Claret 與 Port 等類。此外從產酒的葡萄園 (chateau)，到形容酒的品質如 body（醇厚）、bouquet（香味）等字，在這本辭典裡都查得到。

三省堂的《英和辭典》，當然以不懂英文的日本人為對象，無可厚非。由日文原序可知，在編纂時只請了一位旅居日本的美國人做顧問。這位先生可能只顧而不問，因此辭典中有些令人捧腹的地方。如美國總統每年在國會發表國情咨文演說 (State of the Union Address) 是大家熟知的慣例。但緊隨此則之後，三省堂版又有 State of the World Message

一條，解為美國總統向國會提出的外交咨文；我在美國讀書與工作十七年，從未聽見過有這種事。

三省堂編者的母語不是英文，解釋片語時難免發生錯誤。它把 executive action 解釋為「暗殺外國元首」的委婉說法；我遍查各種英文辭典，都無此解釋。在 dress 一字下，它說請帖上如注明 No dress，意思是「不須穿著禮服」，恐怕也只在日本有這種用法，在世界其他國家肯定會讓人笑掉大牙。類似情事在例句中也偶有發生，如在 might 之下，有個例句 She might have stepped out of *Vogue*. 三省堂解為「她可能已辭去《時尚雜誌》的工作。」其實原義應為「她好像從《時尚雜誌》剛走出來一樣。」意思是她的穿著打扮時髦極了。

以最新為標榜的辭典，更應該注意時效。三省堂第十三版在二〇〇一年出版，理應與時代同步。它把 Peace Corps 譯為「平和部隊」，或許這是日本對和平工作團的稱謂。但美國早已把它改成「自由工作團」(Freedom Corps)，團員都是滿抱理想、志願協助落後國家開發的年輕人，與「部隊」扯不上關係。又如歐盟的社會憲章 (The Social Charter)，日文版說英國尚未加入；我去查歐盟網站，發現英國早在一九九八年就已簽署。有此經驗，只好不憚其煩，對所有專門機構都逐一上網查對，免生錯誤，這是最費時間的苦差使。

列舉可能釋義　避免混為一談

三省堂自然也有它的優點，這本辭典內容之詳盡，對認真學習英文者會有很大的幫助。它的每條字彙，無論新舊，都列舉所有可能的釋義，鉅細無遺；使用者須仔細研讀，才能加深對英文的了解。除動詞與形容詞外，絕大部份辭條前，都冠以分類精細的略語，如「希神」、「猶太教」、「民族」、「考古」、「烹」、「酒」、「服飾」、「醫」、「生化」等，一望而知屬於何類。

我最欣賞三省堂辭典的是，它針對東方人容易混為一談的單字，用加框的【注意】來說明其間微細的差別。像「懷疑」一字，它為要說明 suspect 與 doubt 兩字的不同，舉了兩個例句：I suspect he is ill. 意思是「我懷疑他病了。」而 I doubt he is ill. 則是「我不相信他病了。」兩字看來似乎意義相同，但兩個例句的意思卻恰巧相反。類此的例子很多，不勝枚舉。

任何一本辭典，不是短時間就能消化，只有等讀者慢慢自己去體會，才能知道它的長處與短處。讀辭典如此，讀其他任何一本書又何嘗不然？

十七、從今而後　綠營少了一張選舉牌

（原刊九十二年十二月廿二日《聯合報》）

連戰說的「一邊一國」不是「兩岸三國」
台灣不走決裂性獨立　讓時間來解套

看見連戰在「要和平不要戰爭」晚會上，首次使用「一邊一國」的說詞，我想絕大多數住在台灣的人都鬆了口氣，從心底裡表示贊成。

打開天窗說亮話，「兩國論」也好，「一中各表」也好，「一邊一國」也好，字面上意思都差不多。真正的不同不在表達的方式，而在表達者是何人，與文詞背後含意。李登輝與陳水扁說的時候，心中隱藏的真意是要建立台灣共和國，與大陸一刀兩斷，也就是連戰說的「兩邊三國」。

泛藍陣營終於想通了。連戰的說詞，與泛藍一向的主張或「一中各表」，實質上並無改變。陳水扁抵死不肯承認的「九二共識」，本來的意思就是兩岸對何謂一個中國，各作各的解釋。對大陸而言，他們認為一個中國指的是中華人民共和國；但就我國立場言，指的就是中華民國。雙方同意各說各話，先把歧異擱在一邊暫時不談；改而從春節直航，或其它關係人民權益的實質問題，尋找對雙方共同有利的協議。這有什麼不好？

泛綠陣營一貫的伎倆，是挑撥族群衝突，給在野黨戴紅帽子，欺騙無知人民。陳水扁不分青紅皂白，把主張「一中各表」的人，都打成「聯共賣台」，弄得國親兩黨有口莫辯。現在兩黨的策略謀士覺悟了，只要把話說清楚，「一邊一國」沒什麼了不起，更無什麼可怕之處。從今而後，綠營手裡又少了一張騙人的選舉牌。

每次去對岸開會，我總會與大陸智庫學者唇槍舌劍地辯論一番。他們指責我們在搞台獨，我則反指他們堅持反對「兩個中國」未免神經過敏。我說：你們從前與東、西德都有邦交，難道是在搞「兩個德國」嗎？你們現在既與北韓的「朝鮮人民民主共和國」誼屬盟邦，又與「大韓民國」關係良好，如果平壤或漢城指責北京在搞「兩個韓國」，你們將如何自圓其說？

酒酣耳熱時，我也曾向對岸高層人士說過：你們的「一個中國」原則，失於太過僵硬；他們不服，要我講出理由。我說：北京的一中定義有三句話。第一句「世界上只有一個中國」，如從歷史或文化意義解釋，台灣可以接受，沒有問題。

第二句原為「中華人民共和國是世界上唯一代表中國的合法政府」，台灣當然不肯。現在你們作了相當重大的讓步，改成「台灣與大陸都是中國的一部份」，我們也可以同意。

大陸官方用語的第三句是「中國的領土與主權不能分割」，現在成了兩岸走向和平唯一的阻礙。我說：「OK，雖然不能分割，可不可以分享呢？」他們只好傻笑，不知如何回答是好。

今日世界局勢下，難以想像兩岸最後會訴諸武力，導致兩敗俱傷。在「一中各表」，也就是連戰所說的「一邊一國」而非「兩岸三國」的前提下，台灣只要不走向決裂性的獨立，保持創造性的模糊，共謀經濟繁榮，把問題留給時間去解決，才是台灣人民最希望的解套辦法。

聯合國前四十四年裡，蘇聯既是安理會常任理事國，烏克蘭與白俄羅斯也都是會員國。如果政權再度輪替，國親兩黨執政後以國民全體利益為重，兩岸重啟談判之門，大陸也脫離了反對「兩個中國」的迷思，從歷史眼光看得深一點，遠一點，那才是國家之幸，民族之福。

十八、記得廿五年前的昨天

（原刊九十二年十二月十七日《中國時報》）

豈但台灣各報一字未提，連我也完全忘記了昨天是什麼日子。直到有人提醒我說，民國六十七年十二月十六日早晨，正是卡特總統趁國會休會期間，突然向全美廣播，宣布美國已與中共達成協議，自元旦起正式承認中華人民共和國的廿五週年。

華府當年與北京的秘密談判，由國家安全事務顧問布里辛斯基與安全會議主管亞洲事務的奧格森堡主導。波蘭裔的布氏是蘇聯專家，對亞洲所知有限，奧氏才是真正的主角。當時參與機要的人，包括國務卿范錫，在後來陸續出版的回憶錄中異口同聲地說：冷靜評估美國與北京建交的利益，遠大於與台北斷交的損失；因為自越南淪陷後，台灣的戰略地位對美國已喪失大部份價值。卡特白宮也深知中共絕不可能放棄對台使用武力的立場，所以在談判時，這一點連提都沒提。

過年以後，一月底國會復會。友我的保守派糾合了南方民主黨、親以色列的自由派，以及從來就看這位「花生農夫」卡特不順眼的資深議員們，以壓倒優勢通過了「台灣關係法」，才維持了廿五年來的台海和平。我舉這段往事，目的只在指出國際關係變化多端，美國對台灣並無任何義務，白宮必須考量美國在某一特定時期的利益何在。你當然可以罵卡特不顧道義，但美國民意與輿論最終還是接受了他的決定，只在對台關係上略作部份調整而已。

廿五年後的今天，我國對美關係似乎又走到了卡特宣布斷交前的最低潮時刻。繼卡特擔任總統的雷根，競選時高喊「永遠不會再出現像對待台灣那樣的事了（Taiwan never again）」，就職後卻深受前國務卿海格的影響，簽下了限制軍售的「八一七公報」。若非我國政府廿幾年的努力，照那樣發展下去，美國對我軍售到今天可能已被停止，都很難說。

小布希無疑是歷來對台灣最友善的美國總統。我們的陳水扁卻逼得他在溫家寶面前，說出「我們反對」任何企圖片面更改兩岸現況的重話。儘管府、院、黨統統跳出來滅火，指天誓日地保證防禦性公投決不涉及統獨議題，也不影響「四不一沒有」的承諾；問題在於一次又一次派邱義仁等到美國解釋後，陳總統馬上又推翻所傳遞的訊息，布希已經完全喪失對民進黨政府任何許諾的信任了。

白宮派來面遞親筆函的莫健，恰巧就是當年奧格森堡的職位。美國總統對幕僚依賴甚深，布希或萊斯日常不會接觸到台北AIT發回去的政情報告，只有莫健會認真地研讀。同樣地，在國務院也只有助卿凱利每天會邊讀邊傷腦筋。我敢擔保陳總統與呂副總統每晚在造勢晚會上對美國的冷嘲熱諷，不論有理無理，在白宮與國家安全會議裡只會火上添油，使莫健與凱利越來越覺得受美國保護了五十幾年的台灣，實在太不夠交情，甚至有點恩將仇報的模樣。

兩國間的外交關係，其實與人際關係相似。真朋友面前不能說假話，更不該耍弄人家，當他大傻瓜，否則只能換來同樣的虛情假意；一旦面臨關鍵時刻，難望別人為你挺身而出。民進黨政府玩弄公投議題已經超出安全許可的範圍了，實在應該馬上煞車，亟謀補救之道。

十九、布希的反對 怎能假裝聽不懂？

（原刊九十二年十二月十五日《聯合報》）

左手拿公投挑釁北京 右手打華盛頓耳光 頻喊「狼來了」 誤人誤己

選戰鑼鼓喧天，藍綠都渾然忘記了台灣正面對五十幾年來最嚴峻的國際局勢。雖然僅就眼前看來，危機似乎並不迫切；但瞻望未來，即使與退出聯合國，或中美斷交時相比，我從未像今日這樣憂心忡忡過。

一九七一年我國被迫讓出了聯合國會員席次，一九七九年卡特政府承認中共，當時國際局勢雖然險惡，但全國團結一心，台灣不僅沒有動搖，反而更上層樓，創造了經濟奇蹟。今天大陸敵意依然如故，而陳水扁總統為還剩九十幾天的選舉，一意孤行，非要在選舉日同時舉辦防禦性公投，結果卻把斷交二十五年來對台灣最友好的小布希，一夕間變成對台灣最不滿意的美國總統了。

環顧世界，我還找不到另外一個像台灣這樣左手拿公民投票挑釁北京，右手又在打華盛頓耳光那麼「勇敢」的國家。陳水扁見美國議員時，舉古巴飛彈危機「驚爆十三天」，說明台灣正遭受大陸威脅。他忘了古巴那時剛剛在裝置飛彈，尚無發射能力；而他三年半前就職時，對岸已有兩百多枚飛彈瞄準台灣。何以那時不急，競選連任時才急起來？而且古巴當年靠蘇聯撐腰，才敢與美國對敵；與他今天既反大陸又反美國，相差何止天壤之別？

從陳總統到游院長，以為只要派邱義仁、蔡英文、柯承亨等去華府解釋說，防禦性公投既不涉及統獨，也不違背「四不一沒有」，問題就會迎刃而解。這種說法只能欺騙沒有常識的民眾。喊「狼來了」的次數多了，美國早已看穿了民進黨的把戲。正因為國務院公開與私下的發言沒用，派秘使莫健來台面遞親筆信也沒用，才逼得布希親口說出「反對」一字，造成了我國五十幾年來最嚴重的外交危機。

我最不能了解的，是美國總統說出重話後，我政府依然裝出一副若無其事的樣子。兩國間真正的互相信賴，不是拿外交辭令去搪塞，或者假裝聽不懂別人的語言，就能建立的。更糟糕的，陳水扁在關節眼上不但未曾開誠相對，反而讓美國覺得台灣有恃無恐，

「吃定了」布希總統此刻手上沒有王牌，故意拿抵抗美國壓力作為競選的資本。這種作法豈但不智，必將引來更大反彈。

可能由於華府「台灣人公共事務協會」的活動，上星期國會山莊裡「台灣連線」有人批評布希不該反對台灣深化民主的動作，「新保守派」也隨聲附和，在國內造成了布希改變對台政策並未獲普遍支持的假相。但現在的一些雜音，只是明年美國選舉的前奏。美國重大的外交決策，向來受到兩黨共同支持。一到攤牌時刻，所有國會議員都會團結在總統身旁，以免遭民意指責。攻伊便是最近的例子，將來也不例外。

迷信美國在內心深處仍秘密支持台灣獨立的人，在布希如此明白地表示美國的反對立場後，應該覺悟了。美國外交的唯一目的，在維護它本身的國家利益。隔鄰加拿大的魁北克省，鬧了百多年要獨立，美國始終未置一詞。舉些近年的例子吧，南斯拉夫的科索伏、西班牙的巴斯克、俄國的車臣、阿拉伯半島的南葉門、非洲的索馬里蘭、乃至伊拉克的庫地斯坦，當地民眾都渴望獨立。巴斯克與車臣不斷有反抗行動發生；庫地斯坦自治軍更在美國進攻伊拉克時立過大功。但美國都基於本身利益，不支持它們的獨立運動。美國肯為台灣甘冒與大陸開戰的危險嗎？答案很明白。

民進黨中不乏有識之士，他們不是不明白這個道理。但我仍怕政府昧然於當前的外交困境，誤以為等選舉過後，可以好言解釋過去。美國不是可以輕易得罪的國家，只看今春在安理會阻擋攻伊決議案的法、德、俄三國，此次不但被拒於伊拉克重建計畫國際招標門外，而且被要求放棄從前借給海珊政權的數十億美元貸款，就知道布希和他的幕僚，處理邦交時恩怨分明；為美國國家利益著想，他們沒有錯。

布希對陳水扁最大的不滿，無疑是認為台灣藉民主深化為詞，假裝不懂他那麼嚴重的警告，繼續蠻幹。以五十幾年來給予台灣安全保障的全球超強，狠狠地被刮了一下耳光，設身處地替人想想，如何能忍得下這口氣？不錯，美國受到種種限制，眼前確實拿台灣毫無辦法，既不能縱容大陸動武，還得忍氣吞聲，等陳水扁回心轉意。而我們的陳總統就是裝糊塗，像是聽不懂他反對的聲音；壞就壞在美國也實在沒有別的牌可打，因此氣上加氣。

照現在事態發展下去，我只能斷言，結局不會對台灣有利。明年美國也要選總統，美中台三邊關係會繼續不戰不和拖延下去。一旦台海事起，要預防「台灣關係法」當年故意曖昧的措詞發酵。它最關緊要的第二條第二項第三款、第四款與第六款只含糊表示美國關心台海安全，並未規定美國必須出兵協防台灣。雖選戰正酣，政府實不應輕視因堅持公投造成與美國間的重大裂痕，更不能像沒事人一樣，誤人誤己。

二十、怎麼會搞成這個樣子？

（原刊九十二年十二月十一日《聯合晚報》）

十一月廿七日深夜，公投法在立法院三讀通過的時候，沒有人能想像僅僅兩星期後，國內外局勢會變成這個樣子。如果當時陳水扁總統咽下那口氣，輸了那一場就算了。選舉還有一百來天，可以作文章的題目多得很，有的是扳回一城的機會。如果陳總統能那麼想，台灣今天會面臨五十幾年來從未有過的危局嗎？

反中共也就算了，台灣本來沒有人會接受北京版的「一國兩制」。但左手反中共，右手反美國，逼得最支持台灣的布希總統明言反對公投，我想，絕大多數在台灣的人和我一樣，之前做夢都沒想到會出現這樣的情況。民進黨與政府上下硬說防禦性公投不涉統獨議題，一口咬定「無意改變現狀」，是睜眼說瞎話，這種文字遊戲連三歲小孩都騙不過，哪裡能騙過美國政府？

只有文革時代的毛澤東，才會左反蘇聯，右反美帝。台灣不能那樣子發神經，更沒有走義和團路線的本錢。別忘記，「台灣關係法」當年立法時，措詞故意模稜兩可，如果中共真的打過來，美國並無一定出兵的義務，要看華府如何解釋而定。

台灣人當然有要求安全的權利。但三年多前，陳水扁就職時，對岸已有兩百多枚飛彈對準台灣；五十幾年來，中共更從未放棄以武力作為最後手段。為什麼三年多前不急的事，現在忽然變成這麼急迫，不惜因此而與美國翻臉呢？退一萬步而言，明年三二〇防禦性公投通過了，中共因而就會撤退飛彈，放棄使用武力嗎？我想沒有人懂得這種邏輯。

我只怕接下來阿扁總統會變成「阿變總統」，又變出什麼新招數來。

廿一、大陸施壓　美從未實質讓步

（原刊九十二年十二月七日《聯合報》）

台灣公投花樣　美朝野早看清

大陸國務院總理溫家寶昨天飛抵美國作正式的「國是訪問」。溫今天會晤鮑爾國務卿後，明天將到白宮拜會布希總統。不止海峽兩岸，全球眼光都會集中在雙方會談上。但從台灣老百姓的角度出發，只要以平常心來看待這次會面就夠了，既無須受「防禦性公投」過分渲染的影響，也不必太為美國會退回到重申「三不」而憂心忡忡。

我為什麼這樣說呢？有三點理由。首先，美國朝野早已把扁政府為選票而推動公投的花樣，看得清清楚楚。《紐約時報》可作為代表。

阿扁的話　《紐時》只引三句

台灣昨天各報幾乎清一色地把陳總統接受《紐約時報》專訪，作為重要新聞處理。

但是我到《紐約時報》網站上搜尋的結果，發現六日該報不但沒有把那條新聞放在頭版，而且對總統長篇累牘的答問，只作了概略的轉述。英文短短不及一千字的新聞裡，直接引用陳總統原文的只有三句，總共六十八個字；可見總統府費了大勁譯出來的全文，在該報編輯眼裡，不值得浪費篇幅。

《紐約時報》的口號就是「所有值得刊印的新聞 (All the news that's fit to print)」。它處理全世界的大小新聞，向以態度謹嚴、不譁眾取寵著稱。訪問陳總統的這則新聞，標題是：「競選連任的台灣領袖槓上了中國 (Running for Re-Election, Taiwan Leader Takes on China)」，可說為紛紛擾擾的公投問題定了位。

明白該報以新聞內容有無價值，決定取捨的標準後，對這條新聞第三段就報導鮑爾國務卿五日晚曾與中共外長李肇星通電話，然後引述鮑爾六日面對記者時所說：「我們希望兩岸了解它們的利益何在，並且發言要謹慎些。(We hope that both sides will realize where their interests lie, and be careful about what they say.)」就不會感覺驚訝了。

《紐約時報》把駐北京分社主任 Joseph Kahn 與香港分社主任 Keith Bradsher 在訪問陳總統同一天，也訪問國民黨主席連戰的消息，併在同一條新聞內報導。它引用了連戰兩句話共卅七字，批評扁政府不該在此時向大陸挑釁，「讓人民有被背叛的感覺」。如將前後文連接起來，加上所引大陸軍方三日指控陳水扁已將台灣帶到「戰爭邊緣」的恫嚇，任何讀者都可清楚感受到該報對陳總統選舉語言的評價。

為了配合新聞報導，《紐約時報》在同一天的社論，題目就是「為了台灣的無謂爭執(Unneeded Quarrel Over Taiwan)」。它在描述陳總統解釋防禦性公投的目的在要求中共將飛彈後撤，並且不得對台動武後，冷冷地用一句話評論說：「把這類的問題拿來公投，將是毫無必要地挑釁。(Putting these issues to a vote would be gratuitously provocative.)」

明年大選　布希不敢軟弱

第二，自布希擔任總統以來，他幕僚中所謂新保守派分子，從未對大陸所施壓力，有過實質上的讓步。新保守派與雷根時代的舊保守派完全是兩批人，他們經歷阿富汗與伊拉克兩次戰役後，對美國的國力有很大的自信，甚至可說近乎驕傲。前年海南島軍機互撞事件，對他們說，是火線上的洗禮，堅定了他們對兩國間基本矛盾的認識，這種意識是不會改變的。

美國許多自由派評論家認為北京勸說北韓參加「六方會談」，是幫了華府一個大忙。但我接觸過的美國官方與智庫人士，抱這種想法的人並不很多。大多數研究東亞的專家，都覺得中共支持「反恐」是為了它本身的國家利益，主要在預防「疆獨」、「藏獨」學會以恐怖活動爭取國際同情的手段。一位美國官員向我指出，中共也怕朝鮮半島燃起戰火後，無法撲熄。他說得好：「沒錯，美國很感謝北京的斡旋；但還沒有到感激涕零的程度。」

我與各國研究兩岸關係的學者閒聊布溫會的展望，極少人判斷美國會順應中共的要求，重申柯林頓的「三不政策」。他們列舉美國手中的王牌，尤其今年雙邊貿易預計美國將有一千二百億美元的逆差，是布希討價還價的本錢。有一位甚至說，「退一步講，假如布希屈服而真的重申『三不』了，對台灣只是面子不好看，又有什麼真正的損失呢？」大家都提醒我，愛奧華州的初選將揭開美國總統大選序幕，明年是選舉年，沒有一黨的總統候選人敢被戴上對北京軟弱的帽子，否則趁早退選算了。拿他們的觀察對證鮑爾六日的語調，可見美國早已成竹在胸。

大陸嗆聲　是為安撫內部

第三，胡溫體制就職剛一年，仍須力求大陸內部安定。美國判斷幾天來北京軍方只以少將與大校級軍官出面撰文，對台灣虛聲恫嚇，大半是為安撫內部情緒，還沒有任何具體的軍事準備行動；我們的國防部也持相同看法。各種不同民調機構所作的民意測驗，比例容有差異，奇怪的是問到中共是否會真正攻打台灣，總有一半以上的人不同意如此悲觀的估計。

上月中，我應邀去安徽黃山參加一次兩岸關係研討會，遇見很多熟人。會外閒談，我故意逗一位見過許多次的大陸學者說，北京今天的困境，來自不知該如何對付言詞閃爍的陳水扁。他也笑了，嘆了半口氣向我說：「你這話還真有點道理。說老實話，現在對台灣是緊不得，又鬆不得；急不得，又慢不得；硬不得，又軟不得。」兩人相視大笑，正因為我們都同意這種無可奈何的看法。

廿二、總統隨興發言　全民承擔後果

（原刊九十二年十二月三日《聯合報》）

「飛彈威脅　防禦性公投」再惹爭議　小心壓垮駱駝的最後一根稻草

英文有個片語叫“shoot from the hip”，專指西部牛仔一言不合，從腰邊拔出左輪手槍就射的英雄好漢。這類性格的特質是好勇鬥狠，獨往獨來，不聽人勸，打了再說。把它的含意推而廣之，也暗指大腦簡單，不考慮後果，常常闖禍，等別人來收拾殘局的莽張飛型的人物。

三年九個月前，選舉剛剛結束，陳水扁聲望達到最高峰時，我想許多人和我一樣，做夢也不曾想到這位台大法律系高材生、被記者評為立法委員問政模範、在台北市也頗有政聲的新任總統，會這樣地毫不考慮後果，想到哪兒就說到哪兒，說到哪兒就做到哪兒。他就職演說的「四不一沒有」，甚至帶給國內外相當程度的安心，覺得他做民進黨候選人時，言論雖有偏頗，現在當選了，身負國家重任，總不會那樣毫無顧忌了吧。

還有人記得陳總統歷次向全國慎重宣告兩岸的政策主張嗎？

跨世紀談話　提歐盟模式

就任不滿一年，亦即九十年元旦，他在「跨世紀談話」裡，提出兩岸可依照歐盟模式，從主權、自由、自願的三大意義尋求「統合」。五月九日的「大膽島談話」，總統說：「兩岸必須重啟協商的大門，方能減少誤會及誤判。」到五二〇前夕，他又說：「我們願意在民主、對等、和平的原則之下，隨時隨地與對岸展開協商與對話。」

今年元旦　還說和平互動

即使今年元旦，陳總統在開國紀念典禮上，還說：「海峽兩岸有必要建立和平穩定的互動架構，作為現階段共同努力的重大目標，讓兩岸在廿一世紀的前廿年，創造經濟發展的共同利基，營造長期交往的良性環境。」我必須聲明，這篇文章的目的不在討論兩岸關係，只因為它是總統自己隨興發飆挑選的課題，我才引述這幾段話。

朋友們笑我迂腐：陳水扁那些演講都是幕僚執筆的。你要了解一個人的性格，必須從他不看講稿，隨口而出的發言裡去探索。我有些不服氣，既然身為總統，做全國人民榜樣，尤其在正式場合的宣示，豈可言不由衷，說了不算？我甚至已原諒他去年在台北市長選戰中說過「香港腳」、「台北特首」一類的言詞，把它們歸入「口不擇言」之列，拋在腦後，暫時存檔。

豈可拔槍就射　不問後果

直到上週公投法通過第二天，陳總統忽然說要在明年三二〇舉辦「防禦性公投」，我終於不得不承認，這次和三年來的許多前例如出一轍，證明我們這位總統拔槍就射，不問後果的真實性格。大陸早就有地對地飛彈瞄準台灣，既非新鮮話題，也早在國軍監視中。去年江澤民在德州農場向布希總統提議，以大陸飛彈後撤交換美國減少對台軍售時，這個話題已被媒體炒過不知多少次。陳水扁就職時已有二百多枚飛彈瞄準台灣，現在增加到四九六枚，但我國還有美製愛國者二型改良型與中科院自行研發的天弓飛彈可抵擋，又有什麼值得大驚小怪的呢？

失言再解釋　讓美不信任

總統此言既出，府、院、黨慌慌張張地替他揩屁股的行為，令人作嘔。這次與以前不同的情形，是美國的反應異常清楚而且迅速。國務院發言人包潤石一日正式用了扁政府最不想聽的字眼，明白地說：「美國反對（oppose）任何可能影響台灣現狀或尋求獨立的公投。」民進黨與陳總統將如何善後，正面臨最嚴苛的考驗。邱義仁秘書長和蔡英文主委每次去華盛頓，為陳總統失言向白宮與國務院解釋一次，他們兩人本身的可信度就被打一次折扣。我深怕這次事件會成為壓垮駱駝的最後一根稻草，造成美方對台灣完完全全的不信任，而使全國人民為陳總統的隨興發飆性格，承擔沉重的後果。

廿三、夏馨　又一隻誤入叢林的小白兔？

（原刊九十二年十一月廿日《聯合報》）

被陳總統與民進黨視為美國對台政策具有代表性發言人的夏馨夫人，前兩天先倒了個小楣，已經夠冤枉了。她不慎用 silly 一字形容台灣準備向美購買潛艦的計畫，被藍營立委群起圍攻；導致湯曜明部長在立法院說，如果查明屬實，國防部會向美方強烈抗議。其實真有那麼嚴重嗎？

那場茶杯裡的風波，問題出在媒體把此字翻譯成「愚蠢」，與真義相差十萬八千里。愚蠢應該是 stupid，而 silly 卻帶有親暱之意；美國人常喚自己或朋友的女兒為 the silly girl，有點像中國人說「傻ㄚ頭」，其詞若有憾焉，其心實深喜之。幸虧鬧了一下就過去了，沒有造成更大的誤會。

但她在「美國之音」國語廣播節目中接受訪問時說的話，卻闖了大禍。台灣新聞自由，沒多少人會專門收聽 VOA，大陸的情形卻不同。中共外交部發言人劉建超借例行記者會的機會，對夏馨大肆撻伐。因為她不慎說了「不支持台獨不等於反對台獨」，觸犯了北京的大忌。中共秉持通過華府向台北加壓的一貫政策，正好藉機大吵大鬧一番，對美國施加壓力。

北京把砲火集中在夏馨身上。劉建超罵她說：「中美領導人會談時，根本不在場的夏馨，有什麼資格裝腔作勢，公然否認美國領導人說過『反對台灣獨立』？」還責問她：「散布上述言論，是何居心？」

打開天窗說亮話，美國在台協會與我國北美事務協調委員會都是「白手套」，是當年卡特貿然決定與我斷交後，掛羊頭賣狗肉的臨時性機構。十五年來，經雙方歷屆政府的共同努力，務實外交逐漸形成固定的模式，這兩副手套早已失去原來賦予的作用，成了不折不扣的裝飾品。程建人代表發回來的所有文電，我相信北美協調會一份也看不到。同樣的，包道格發回華府的電報，可以斷言夏馨毫不知情。

她本來就不是國務院體系出身；去年膺任斯職時，在職業外交官間頗有微詞。美國駐外使節中，向來有一部份屬於「政治任命」；只要在總統競選時大力捐助過，等勝選後常能被派到三流國家，去過一下大使癮。問題出在台灣雖然就國力而言，擠不進第一、二流之列，卻因地緣政治關係，屬於極度敏感地區，本來就不適合外行人硬充內行。國務院當時可能誤以為有包道格在台北，夏馨只是個擺擺樣子的花瓶，所以在白宮提名時，沒有積極反對，也有一部份責任。

夏馨生性熱情，若派在加勒比海或非洲當個大使，可能頗有建樹。偏偏她不懂得謹言慎行，真以為既然身為 AIT 理事主席，就該與台灣現政府建立良好個人關係。而扁政府為製造美國支持台獨的假象，又不斷給她戴高帽子，弄得這位太太飄飄然地真覺得自己有外交天才。她是否會變成又一隻誤入叢林的小白兔，就要看美國能否抵擋得住中共的壓力了。

廿四、拋開包袱　大大方方談修憲

（原刊九十二年十一月十八日《聯合報》）

認真考慮國家永久制度的所有利弊

儘管難脫選舉策略之譏，國親兩黨提出「新憲三部曲」後，總算逼得綠營不得不正面以對，從而把選戰從口水橫流，再次回歸到政綱政見的層面。連宋聲勢隨之在週末回升，兩者間雖無必然的因果關係，多少受到此影響，可見台灣的中間選民自有主見，不願被騙子們牽著鼻子，糊裡糊塗地走向不歸之路。

細讀連戰的修憲主張，時程極為明確，與民進黨的遠期支票不可同日而語。更重要的，民進黨雖倡議「制憲」，陳水扁卻至今尚未端出他與該黨擬制定憲法的輪廓。總統與李鴻禧的發言，又如南轅北轍。如此言詞閃爍，不是一個負責任的政黨所該為。相形之下，國親兩黨的十項建議說得一清二楚，從維護中華民國主權獨立，公投入憲，總統選舉採絕對多數，減少立委人數，選舉採單一選區兩票制，女性公職名額比率提高至百分之三十，滿十八歲就有選舉權，到實施募兵制，推動不在籍投票等等，都是正面主張，給選民明確的選擇，沒有躲閃的餘地。

在最關緊要的調整中央政府體制這點上，各報記者深夜從台南發稿，受到時間壓力，報導內容難免互有出入。我找到連戰在台南講話的紀錄，他其實只說要「建立權責相符的總統」。至於究竟採總統制、內閣制、還是雙首長制？他說：「攏可以由政黨來協商，有共識就好」，並未說將來行政院長會是總統幕僚長一類的話。

留下這麼大的討論空間，事實上有其必要。依現行憲法規定，修憲須得立法院四分之三委員出席，出席者四分之三的支持，不是任何一黨所能包辦的。國親兩黨能公開談修憲，表示他們已經擺脫了傳統思想的包袱，是一種進步。即使孫中山先生最忠實的信徒，也應了解國父當年認識的世界，今日早已面目全非，一世紀來的變遷也改變了人們對政治制度的觀感。

國父倡議的五權憲法裡，監察、考試兩權源自中國歷史與文化傳統；尤其在民國初年，袁世凱視臨時參議院為眼中釘，目無「臨時約法」，用人全憑喜惡之時，這些主張確有其必要。我早年對外國人宣揚三民主義優點，也曾拿這兩權作文章，在未能確立健全文官與司法制度的落後國家裡，經常獲人欣羡。但如果公正地評估這兩種治權行使的歷史及當前實況，我們不得不靦顏承認，說它瑕瑜互見，已經算很客氣了。

從于右任第一屆院長時開始，監察院就背負了「只打蒼蠅，不打老虎」的標記，至今未有改善。至於考試權，則從行政院下設置人事行政局之日起，就已大權旁落，離建立國家文官制度的理想，越走越遠。這些情形從國民黨時代就開始，不是民進黨的過錯。但也和姚嘉文與民進黨其他人士主張取消五權憲法，改為三權並立的動機無關。他們從未提出什麼堅強的理由；反對五權憲法只在去中國化，並非客觀地就制度層面討論問題，兩者不可相提並論。

這篇文章的用意，也並非主張如要修憲，就應裁撤監察、考試兩院。我只是在國親兩黨拋棄掉包袱後，希望國人能從公正立場，認真考慮國家永久制度的所有利弊，大大方方地討論修憲得失。正如世上並無完人，天下也沒有十全十美的政治制度。總統制、內閣制、與雙首長制各有各的好處，也各有各的缺點。二十世紀歷史給世人的教訓，是治權必須分散，三權互相制衡。以美國為例，水門事件時國會通過指定特別檢察官調查總統有無說謊，逼得尼克森不得不辭職。最近的洩漏中情局人員姓名案，白宮凜於前車之鑑，先自通令所有人員與調查人員徹底合作，免得敬酒不吃吃罰酒。台灣何時能做到同樣地步，才是國家之福。

廿五、國安密帳與鞏案是兩回事

（原刊九十二年十一月八日《中國時報》）

國安密帳鬧了一年多，很多人仍然弄不清楚內情的是非黑白。作為當年在南非的經手人，我希望用最簡單明瞭的文字，說明整體事實與來龍去脈，使社會人士能了解真相，也讓違法弄權者無所遁形。

首先，「鞏案」是我在一九九四年，為辦理秘密補助南非國民議會黨（ANC）一案，與外交部往返電文方便並資保密所起的代號；一望可知含有鞏固邦交之意。李前總統來南非慶賀曼德拉就職是那年五月，而六月底會計年度即將結束，外交部預算早已花完，總統因此命令國安局籌措這筆款項。我在六月底奉到電令說籌到經費後，才敢將此事告知曼德拉本人。

為要迴避白人發覺，我費了三個多月時間才把美元換成南非幣，分次交與ANC。由於匯率波動，總數約共一千零二十餘萬美元，到九月底才交完。每次交款，都有ANC總財務長與他另一位稽核兩人簽署的收據。全案結束後，我又請曼德拉親自簽署一封信給李總統，感謝我政府捐助該款，使 ANC 能還清競選時積欠的債務。

到一九九五年十二月，南非共產黨為壓迫曼德拉與我斷交而與中共建交，先在開普敦出版的《標準導報（*Weekly Standard*）》以頭版全頁大字標題透露此事。撰稿的女記者 Gaye Davis 先企圖訪問我，我婉拒後打電話告訴曼德拉總統，他說不要緊，別理她就是了。四天以後即十二月十二日，南非總統府發布了一則新聞，說明曼德拉過去訪問過許多國家，無不對 ANC 有所捐助，與南非的外交政策無關。曼德拉的道德聲望崇高，斐共這一招並未引起什麼反應。又過了一年，曼德拉才因斐共壓力太大，決定一九九八年元旦起調整與我關係。

依照政府正常運作的慣例，一九九五會計年度的帳目，最晚到第二年必定報銷結案。錢已經花了，會計單位將單據送請審計部核銷，此案應該就此結束。奇怪的是，到了一九九九年，國安局忽然有函給外交部，要求「歸墊」這筆五年前支付的款項。外交部會計處來問我，我回答說，「鞏案」確有其事，但我認為這筆帳國安局早就應該報銷掉了，外交部沒有義務也不應該歸墊。但那時李登輝仍是總統，外交部不敢不聽命，還是從外交經費裡擠出了一千零七十萬美元，還給了國安局。

我曾為本案應國防部高等軍事法庭檢察署的傳喚作證。軍事檢察官給我看當時 ANC 總財務長簽收，然後經我蓋章報銷的三張單據，總數共一千零二十餘萬美元。這與國安局要討還的總數，其中還有四十餘萬美元的差額，但那只是細節。所有單據上的日期都是一九九四年七月至九月，只要到審計部去查該款曾否報銷，立可得知究竟。如果已經報銷過，那麼國安局把一筆帳兩次重複報銷的事實即可確定，幕後指使殷故局長宗文的人也就呼之欲出了。

無論從什麼觀點看這件事，「鞏案」在一九九四年已經結束。國安局聽從李登輝的命令，向外交部要回已經報銷掉了的一千零七十萬美元，私立帳戶供總統運用，是一帳兩報，違法犯紀的行為。檢調單位不去審計部查問，難免失職之嫌。只查劉冠軍經手的部份款項，而且仍將它叫做「鞏案」，若非故意混淆聽聞，便是有意開脫李前總統與殷故局長的責任。

國安密帳就是國安密帳，請媒體今後別再把「鞏案」扯進去，混為一談了。

廿六、總統選舉沒有中間選票？

（原刊九十二年十一月二日《聯合報》）

李前總統「逃命」說　挑逗族群情結
泛藍不應怕被戴上帽子就不正面回應

李前總統前天在「全國挺扁總會」籌備成立大會時的發言，大家的注意力都集中在「如果這一戰沒贏，我就要逃避到國外活命」那句話上。但真正值得國人思考的，還是台聯立委轉述他所說總統選舉沒有中間選票這句話。換言之，他要全國人民跟著他走，非儘快「獨立建國」不可，沒有中間選擇，更沒有延緩的空間。

這種思維其實反映了李登輝十幾年來一貫的台獨思想與他獨特的政治策略。從三年前民進黨開始執政起，李登輝就不斷地把陳水扁總統往「急獨」，亦即政治光譜的極左端又推又拉，不讓「新中間路線」有任何測試的機會。他明知大部份人民只想維持現狀，安居樂業，不願冒戰爭的危險。所以十幾年來，他必須採取漸進手法，一點一滴地修改他的說詞，隨時間過去而逐步轉變，避免暴露出他的真面目。

一九九九年在《台灣的主張》一書裡，他還白紙黑字地寫下：「宣布成立『台灣共和國』只會使台灣的主體性變得曖昧不明，並將危及台灣的主權獨立與存在」這樣的話。第二年，出現了「兩國論」。去年他說，台灣應該趁大陸忙於籌備世運會，在二〇〇八年以前建國。今年初，他先強調中華民國「不是國家，只是國號」。到接近選舉了，才鼓動基本教義派，必須在二〇〇六年前建立台灣國。看看選情告急，他又迫不及待地放出「逃命」說，拿極度簡化的二分法挑逗省籍與族群情結，真正已到了口不擇言的地步。

泛藍的初步反應，只想到拿拉法葉案、國安密帳、新瑞都等等弊案來作文章，未免也捨本逐末。真正該問的是：為什麼連宋配在明年三月獲勝，共產黨就會來到台灣呢？難道國親兩黨真會不顧五十幾年來堅決反共的歷史，放棄用選票堂堂正正贏來的政權，反而甘心去做大陸的一省嗎？不能因為怕被戴上「聯共賣台」的紅帽子，就不敢正面回應。

除盲目崇李的基本教義派人士之外，全國人民更應該問：李登輝從繼任中華民國總統兼國民黨主席起，到現在的這一連串言論與動作，會給台灣帶來什麼樣的前途？如果真聽從他的，使阿扁再次當選，只會徹底關閉兩岸談判的大門，逼得大陸不得不訴諸武力。到那時，美國正好撒手不管，托辭說是台灣自身違背了雙方維持台海和平的基本了解，向大陸挑釁而引起的戰禍，美國也愛莫能助。

九一一事件後，美國連續在中亞與中東打了兩場仗。雖然輕易獲勝，但為收拾殘局，已經弄得焦頭爛額。美國現在對北韓，都假裝糊塗不願招惹，哪裡會為了台灣而與中共兵戎相見？今日美國的科技軍事力量傲視全球，中共自然不是它的敵手。打贏這一仗不難，打完後問題才會開始。美國能收拾得了中國大陸的殘局嗎？這答案北京明白，華府也明白。

李登輝要拿台灣兩千三百萬人的生命財產，押在美國必定會出兵干涉的可能性上，無異買了張樂透彩券後，相信自己必然中獎。他說總統選舉沒有中間選票，其實忽視了台灣絕大多數人民不希望有戰爭，只求平安度日的意願。等投票過後，李登輝會發現台灣確有中間選票，而這些選票都被他嚇走了。

廿七、給蔣夫人一點最後的尊嚴

（原刊九十二年十月廿八日《聯合晚報》）

先有李登輝的「中國料理」說，後有林重謨顛倒文字，把「國母」說成了「母狗」，有些人硬是政治掛帥，把任何事情都會扯進總統選舉的口水裡去。這種言詞只顯示了他們人品的低劣，不值識者一笑。

蔣夫人遺體將葬在紐約，這是親人們的決定，外人無從贊一詞。但有關她身後瑣碎細節，為免再有人胡言亂語，不如先澄清為宜。

蔣夫人為國奉獻一生，從未想到置產。美國是她的第二故鄉，臨終前住了二十幾年，卻沒有自己的家。蝗蟲谷已經拍賣掉的房子，是孔祥熙生前所購；曼哈頓的公寓則屬於已故的外甥孔令侃；八十幾歲的孔令儀說，她唯一的遺產是銀行裡十二萬美元的存款，在台灣的人也許感覺詫異，卻是實情。

她停靈的坎貝爾殯儀館是曼哈頓東區唯一堪稱上流的殯葬服務業者，但它最大的廳堂也只能容二百餘人。必須要找較大的場所如教堂之類，才能容納有意參加追思禮拜的來賓。我相信禮堂容量是唯一的考慮，才使喪禮無法配合陳水扁總統過境的日期。

在紐約之北，位於西徹斯特郡的Ferncliff不是孔宋兩家的私人墓園。它是私營的收費公墓，有如台灣北海岸新建的許多墓園，而費率恐怕遠較國內有些豪華靈骨塔為低。孔宋兩家只在裡面各有一所石屋，內部劃分小格，事實上棺木只是浮厝在內。將來如兩岸和平相處，仍可運回大陸，或與蔣公同葬奉化，或葬在上海她父母墓地的旁邊。

對一位終身奉獻國家的偉大女性，國人應該留給她最後一點尊嚴，不要再把嚴肅的治喪當作政治把戲，胡扯亂講了。

廿八、荒唐的「中國料理」說

（原刊九十二年十月廿八日《中央日報》）

不但侮辱蔣夫人，更侮辱了羅斯福總統

李前總統在以他為名的「李登輝學校國是研究班」第一期始業式上，關起門來教導他那批學生時說：羅斯福一家都與中國做生意，當然要給蔣家好處；於是宋美齡就拿著錢到美國各企業遊說，拿好處給美國。他形容這是「中國料理」，諷刺之意，溢於言外。

蔣夫人一九四二至四三年間訪美，在國會發表演說時，李登輝還是日本的順民，受慣了軍國主義者仇美與輕視中國的教育，對美國或中華民國都毫無認識。他中年時期雖曾到康乃爾大學農學院留學，看來對美國的認識仍很膚淺，否則不會說出如此沒有常識的話。

據說李登輝是因為前幾天曾文惠給他看了一本書，才發出這樣的謬論。他沒有提這本書名，但可以想像極可能是當年民主黨初選敵手惠朗（Huey Long）攻擊羅斯福有名的那篇演說，或由之演衍而生的著作。美國歷史學家早已分析過其中所有細節，認為毫無內容，不足採信了。

李氏對美認知膚淺

小羅斯福總統（Franklin Delano Roosevelt，人稱 FDR）本就出身世家。他的遠房長輩 Theodore Roosevelt 是美國第廿六任總統，夫人 Eleanor 則是老羅斯福的親甥女。他們結婚時，就是由老羅斯福親自把新娘交給新郎的。小羅斯福的母親 Sarah Delano 家裡更富有，以航運致富。翻案派歷史因此誣指 Delano 家的輪船曾裝運鴉片到遠東。這種說法其實不值一駁，因為賣鴉片給中國的是英商，而鴉片產地則是英屬的印度；美國輪船公司再怎麼厲害，也搶不到這種生意。何況到小羅斯福總統成年時，鴉片生意早就衰落了。

小羅斯福可說是美國歷史上最偉大的總統之一。他卅九歲感染小兒痲痹症，雖然無法站立，反而兩次當選紐約州長。一九三二年剛選上美國總統，就遇上華爾街股市大崩盤，所有的銀行都面臨倒閉危機，全國有一千四百萬人失業。他宣布施行「新政（New

Deal)」，力挽狂瀾。美國所有進步性的社會立法，如失業保險、社會安全制度、禁止童工、推行最低工資與最高工時、支持工人組織工會的權利、取消金本位、降低美元中的黃金含量、藉公共建設提高就業率、興建全國公路網、興建田納西水壩以降低供電費率等等，都在他第一、二兩任中開始。

他從一九三二年起，連選連任總統四次，前無古人，後無來者，打破美國的歷史紀錄。後兩任正值第二次世界大戰期間，羅斯福的聲望達到巔峰，成為不折不扣的自由世界領袖。因為出身富家，他的廉潔是有名的。首次就任總統之前，羅斯福就把他個人與他母親所有的股票全部賣掉，顯示他不惜與既得利益階級破裂的決心。當時美國總統每年年薪只有七萬五千元，辦公費二萬五千元；他母親怕這些錢不夠他花，另外每年津貼位居總統之職的兒子十萬美元，加了一倍，可見母子情深與他家庭富有的程度。

說法離譜扭曲史實

若說這樣一位世界偉人，會因貪幾個小錢而對中華民國友好，或蔣宋美齡夫人會拿錢到美國企業界遊說，實在有點太離譜。一九四二年時，羅斯福總統為什麼要邀請蔣夫人訪美呢？這道理與李登輝的憑空想像恰巧相反。美國之所以捲入大戰，源自日本偷襲珍珠港。但由於英美間悠久的歷史淵源，美國一開始就決定了先打敗納粹德國與義大利，再轉過頭來對付日本的全球性戰略。

美國有限的軍隊、裝備、補給，絕大部份都送到歐洲戰區，剩餘的極少量則供給困居澳洲的麥克阿瑟將軍；對孤軍奮戰了五年多的中國，只希望重慶能牽制住日本的百萬陸軍，不讓日本抽調去進犯美國西岸。因而在實質上，只有些象徵性的補給越過駝峰空運送來，大體上可以「口惠而實不至」來形容。美國人嘴上不便實說，心裡卻抱有歉意，羅斯福在一九四二年兩度函邀蔣夫人赴美訪問，動機在此。

所以夫人抵美後，先進醫院治病，兩個半月後出院，又應羅氏夫婦之邀，到他海得公園私宅休息了六天，才到白宮做總統的客人，長達十一天之久。她不但到國會演講，還由羅氏親自陪同舉行記者會，總統夫婦陪同到無名英雄墓與華盛頓墓上獻花。這樣的殷勤周到，絕非金錢所能買得到的。李前總統的失言，只能顯示他個人的無知，絲毫無損於這兩位歷史上的偉人。

廿九、開放務實的中共「新外交」

（原刊九十二年十月廿七日《中國時報》）

將在十一月一日出版的《外交事務（*Foreign Affairs*）》雙月刊今年第六期，以最顯著的地位刊載了一篇梅岱洛（Evan S. Medeiros）與福樂帆爾（M. Taylor Fravel）的文章，題目就叫「中國的新外交（China's New Diplomacy）」。這篇將近一萬字的長文，從北京六國會議調停北韓與美國的僵局說起，歷數中共外交務實開放的新作風與所獲成就：如二〇〇一年的中俄睦鄰友好條約，鞏固了北疆；加入東協條約，並將於二〇一〇年建立自由貿易區，建立了可與歐盟競爭的區域經濟體的雛形；與四鄰國家解決邊界糾紛，並在中亞成立「上海宣言組織」，解決西陲的後顧之憂；簽署禁止核武擴散與禁止化武條約，乃至參與聯合國在東帝汶與剛果的維和行動，作為善盡國際義務的象徵等等。全篇從大處著筆，發人深省，對台灣尤其應該響起預警的鐘聲。

即使平素注意國際事務的人，對這篇文章所透露，而台灣媒體從未報導過的一些細節，也會為之動容。例如它說：中共與鄰國解決邊境糾紛時寧肯退讓，以求和解的態度，與過去的強硬姿態完全相反。與塔吉克共和國在帕米爾高原劃界時，在有爭執的二萬八千平方公里中，北京只得到一千平方公里，其餘都讓給了塔吉克。兩年前與東協簽署「南中國海各方行為準則」時，使用文字大部出自東協要求，而非中共原來的版本。見微知著，可見北京已經參透了「以大事小」的哲理，為求亞洲各國對這位「老大哥」心悅誠服，雖然在細微末節上吃點小虧，在提高國際地位上的所得，實際已遠超過付出的代價。

這本雙月刊在同一期裡，另外登了一篇由海爾夫婦 (David Hale and Lydia Hughes Hale) 合撰的分析大陸經濟的專文，題為「中國起飛了 (China Takes Off)」。其中所舉數字更令人觸目驚心：中共歷年所獲的僑外投資，總計五千億美元；今年出口將達三千八百億美元，其中僅電子業出口就佔全亞洲的百分之三十；西元二〇〇〇年大陸出口還僅是全球總出口額的百分之三點九，三年後的今天將達百分之六；而中國一國，去年就佔了全球經濟成長總額的百分之十六。文章的結論是：中共今日所享有的「軟權力 (soft power)」與「外交實力 (diplomatic clout)」，不容美國忽視！

八十二年來，總部設在紐約，分會遍布各大城市的外交事務協會（Council on Foreign

Affairs，簡稱 CFA）所出版的這本原為季刊，後來才改為雙月刊的《外交事務》雜誌，對美國外交政策與路線的影響力之大，眾所周知。它代表美國主流意見，有時甚至想好了主題，再去找學者撰文，以傳達它的主張。美國外交政策每有轉變，總先由這本雜誌透露出訊息，屢試不爽。卅幾年前，辯論中共進入聯合國問題時，美國的主流派（the Establishment）就曾使用過同樣的手法，給我留下不可磨滅的印象。我的預感是：這兩篇文章背後肯定隱藏有不明動機。它們究竟代表了什麼意義，值得我國密切注意。

不管扁政府如何解釋或否認，執政黨在選舉期間的口號與動作，早已惹起美國朝野的質疑與不滿。白宮與國務院礙於國際禮儀與國際法的規範，公開放話已經說到了盡頭；而台灣究竟仍是主權獨立國家，美國也無法更進一步公然施壓。在這種情形下，外交事務協會發揮它獨特的效用，從培養民意與輿論著手，大肆鼓吹中共開放務實的新作風與不可侮的經貿實力，為將來萬一中共對台使用武力時，美國藉口不干涉內政預留地步，不是全無可能的事。我希望這篇文章只是杞人憂天；我也寧可被罵是烏鴉嘴，不願我的憂慮變成事實。

三十、安理會終於向美國屈膝了

（原刊九十二年十月廿日《中國時報》）

台灣被排除在聯合國之外，因此國內媒體對安理會上週四晚間通過的第一五一一號決議案，報導者寥寥無幾。只有注意世界大事的人才忽然發覺，自三月英美聯軍攻打伊拉克以來，圍繞在法、德、俄三國旁邊，反對美國出兵的安理會大多數國家，包括代表阿拉伯集團的敘利亞在內，終於抵擋不住壓力，正式向世界獨一無二的超級強國屈膝了。

星期六《紐約時報》的頭條社論，把這項十五票對零通過的決議，稱為「布希總統重大的勝利」。《華盛頓郵報》不但稱之為「美國在外交上重要的成就」，且引用參院外委會民主黨資深委員拜登 (Joseph R. Biden Jr.) 的話說，這項決議案「使駐紮在伊拉克的美國軍隊合法化了 (what the vote did today was legitimize the presence of American forces in Iraq)」。

決議案通過後，布希總統一反常態，低調處理本可大肆宣揚的勝利。恰巧他要來泰國出席APEC高峰會，因此選擇在道經加州發表演講時，最後添加了一句話，對安理會表示謝意；白宮發布的總統聲明，只有短短八十個字，如此而已。這是國務卿鮑爾的聰明之處：他不但給原本堅持反對的法國席哈克總統和德國施洛德總理留足了面子；也在美政府內部爭取處理伊拉克重建事務主導權上，不露痕跡地贏了國防部長倫斯斐一球。

僅僅十天前外間還謠傳，美國因無法說服安理會中堅持反對立場各國，正考慮撤回修改過兩次的決議草案。鮑爾是怎樣扭轉乾坤的呢？他不知道用了什麼代價，使俄國普丁總統忽然改變立場，同意支持美國的第三次草案。這場桌面下的交易，星期三在聯合國走廊裡一傳十、十傳百地透露後，法、德與其他非常任理事國驚覺大勢已去；大陸本來就態度曖昧，此時更及早見風轉舵。星期四晚上開會的結果，與去年第一四四一號決議案相同，一票都不缺，全體無異議地照案通過了。

第一五一一號決議案除前言外，決議事項 (operative paragraphs) 有廿六節之多。第一節雖然重申伊拉克領土與主權的完整，卻也正式承認聯軍臨時當局 (Coalition Provisional Authority) 在國際法原則與安理會第一四八三號決議案授權下，有「特定的責任、權力與義務 (specific responsibilities, authorities and obligations)」管理伊拉克，直至還政伊國人民為止。

第二到第四節，引用包括阿拉伯聯盟（Arab League）、伊斯蘭會議組織（Organization of the Islamic Conference）與聯合國大會等國際組織的決議，對「伊拉克治理委員會（Iraqi Governing Council）」的成立表示歡迎，並明定該會與其選出的各部部長為「在過渡時期代表國家主權的伊拉克臨時政權」。就法理而言，從此美國對伊拉克的操縱，取得了聯合國法律上的承認。

第四節至第七節雖然要求聯軍臨時當局「儘速」還政伊國人民，卻未設定期限。美國唯一的讓步，是「伊拉克治理委員會」須在今年十二月十五日前，向安理會提報制定新憲法的計畫與日程，以及舉行民主選舉的準備工作。安理會也將在一年內，檢討這項進度。

最重要的，第十三節裡安理會正式授權「在統一指揮下成立多國部隊（authorizes a multinational force under unified command）」，以維持伊國安全與穩定。第廿一節則號召會員國協助伊拉克重建。雖然法、德立即聲明無意派兵或捐款，美國已經獲得了利誘其他盟國的藉口，不愁沒有其他國家捧場了。

卅一、我們還有沒有東南亞政策？

（原刊九十二年十月十三日《中國時報》）

上星期四在立法院裡，民進黨總算表現了些執政者的風度，不顧台聯盲目反對，與國親兩黨聯手通過了兩岸關係條例修正案。對於政府做對了的事，人民應該鼓掌稱讚，但另外一條消息，卻令我擔憂：台灣還有沒有一套整體具有前瞻性的東南亞政策？

就在上星期裡，大陸總理溫家寶首度在印尼參加東協的高峰會，成為大會中鋒頭最健的人物，所獲掌聲遠遠超過日本首相小泉純一郎。他與東協簽署了三項重要文件，分別是：「東南亞友好合作條約」、「中國與東協綜合經濟合作架構協定」、與「南中國海各方行為準則宣言」。

因為這些文件的內容與涵義頗為複雜，許多報導都沒有說清楚。首先，「東南亞友好合作條約（Treaty of Amity and Cooperation in Southeast Asia）」是這個區域性組織的基本條約；對東協而言，性質有似「聯合國憲章」之於聯合國。它是一九七六年 ASEAN 草創時，由印、馬、新、菲、泰五國簽署的。此後二十幾年內，汶萊、柬埔寨、寮國、越南與緬甸才陸續加入。外交術語把這種「後加入組織」的行為稱為accession，表示完完全全地加入，意義重大。

中共能正式加入這個條約，無疑是北京外交上一項重大成就。休說日本與南韓只能在旁邊看著乾流口水，由於印尼、汶萊與馬來西亞都是伊斯蘭教國家，美國至今只能在門外張望；這次甚至未被邀請派遣觀察員與會。溫家寶的微笑攻勢如能持續下去，ASEAN目前所謂的「十加一」，即東協十國再加上中共，不消幾年就可能變成真正的十一國集團了。

十加一主要的意義，是二〇一〇年這十一個國家將組成世界最大的自由貿易區，擁有十八億人口，與八百廿萬平方公里土地，超過歐盟好幾倍。溫家寶簽署的「中國與東協綜合經濟合作架構協定(Framework Agreement on Comprehensive Economic Cooperation between ASEAN and China)」內容涵蓋廣泛；它預期兩年後大陸與東協間的貿易就會達到每年一千億美元。中共並承諾加強農業、資訊、電信、教育訓練、雙向投資等方面的合作，與參加越、寮、柬三國最關心的湄公河流域開發計畫。

東南亞國家對大陸多少有些疑懼，這些讓步不會沒有代價。北京付出了什麼價錢呢？溫家寶這次簽署了「南中國海各方行為準則宣言 (Declaration on the Conduct of Parties in the South China Sea)」，意即對東沙、南沙、與西沙群島主權的爭執，將以和平談判為手段，決不恃強淩弱。北京本也無意為這些無人島嶼動武，可說惠而不費。難怪馬來西亞總理馬哈地在演說時，要舉明清兩代歷史為證，說明中國歷代從未對東南亞有意殖民或有土地要求了。

回過頭再看我們自己，台灣今日最重要的問題仍在於經濟能否持續成長。東南亞自由貿易區 (ASEAN Free Trade Area) 成形後，我們勢將被摒除在門外。經濟部長林義夫日前坦承，我國和新加坡的 FTA 談判，竟然因名稱談不攏而作罷。我真不懂游內閣為何忽然要堅持用「台灣經濟實體」，白白地犧牲這麼難得，而且可能轉瞬即逝的機會。

政府要公忠謀國，就該為人民利益著想。「中華台北」在奧運會與亞洲開發銀行用了許多年了，WTO 也拿它作為我國非正式的名稱，「雖不滿意，但可接受」。新加坡是東協十國中我們僅存的朋友，此時不把握良機，先一步踏進十加一中的一國，留作將來 ASEAN FTA 的跳板，更待何時？

卅二、以色列的「柏林圍牆」

（原刊九十二年十月六日《中國時報》）

台灣恐怕很少人知道，以色列正在構築一條高大的圍牆，企圖把它佔領的約旦河西岸與加薩走廊中已經由猶太人佔居的地區，與巴勒斯坦其餘部份間隔開來。世界上許多國家也不太注意這件事，因為以色列故意把這條牆叫做 security fence，英文意謂「安全柵欄」；或稱之為 separation barrier，可譯為「隔絕藩籬」；而牆則不折不扣是 wall。

柏林圍牆只有十一點八呎高，而以色列這條鋼筋水泥、堅固無比的牆卻有廿五呎高，奧林匹克的撐竿跳健將也無法飛越。柏林圍牆隔開了東西德，全長九十六哩；等以色列這條圍牆完工時，全長將達二二五哩，比基隆到高雄還要遠些。你如果不信，只要上網尋找，好些個網站上都有它的照片。

耗費如許金錢去蓋這麼長的一條圍牆，表面上的理由是以策安全，避免身上綁著自殺炸彈的巴勒斯坦極端分子潛入以境。牆只有防禦作用，它絲毫不具攻擊性質，這是以色列的說法。但在巴勒斯坦人眼裡，它是以色列夏隆總理與聯合黨(Likud)不斷在應屬未來巴勒斯坦國的領域內，奪取肥沃土地的一貫手段。

以色列本國只有二〇七七〇平方公里，人口也只六百二十萬，卻在歷次戰爭中打敗了阿拉伯大部份國家，自然有它不可侮的實力。以色列國防軍的訓練與裝備之優良，尤其它的情報機構 Mossad 之無孔不入，即使死對頭的阿拉伯國家也聞之色變。

為什麼以色列敢公然宣布要把巴勒斯坦臨時政府總統阿拉法特（Yassir Arafat）驅逐出境呢？因為阿拉法特早已形同以色列的戰俘了。作為一個即將獨立國家的元首，阿拉法特原有三架直升機供他乘坐。前年十二月，以色列為報復三起自殺性炸彈事件，把這三架直升機都炸毀了。以致這兩年阿拉法特形同囚犯，躲在西岸拉瑪拉(Ramalla)的總統府內，足不出戶。他不能坐汽車出巡，因為 Mossad 情報網密布，以軍直升機馬上會用火箭把他連人帶車炸得粉碎。

一般人只知道以色列全靠美國人撐腰，卻不了解猶太人在美國政治、金融、傳播、與學術界勢力之龐大，因此在兩國關係上，是美國往往被以色列牽著鼻子走，而非以國要看美國的臉色。美國年年援外撥款，以色列總擺在第一。從前每年接受援助在廿億美元以上，今年仍超過七億美元。以色列早已有了原子武器，備而不用。自前蘇聯瓦解後，以色列大量收容從俄國與東歐各地來的猶太裔移民，數達廿餘萬人，在約旦河西岸與加薩興建新社區，就是為安置這些仍在貧困線以下的新移民的。

布希總統為尋求中東永久和平，苦心孤詣規劃出來的「路徑圖（The Road Map）」，眼看在巴勒斯坦與以色列雙方輪流武力報復下，早已壽終正寢。依照以國自由派日報*Haaretz*上週特刊報導，以色列為蠶食巴勒斯坦領土，興建安置新移民的社區，已經花了一百億美元，現在每年還要花五億美元。以色列國家預算赤字達六十六億美元，近幾年經濟成長都是負數。加上四百三十億美元的外債，與每年進出口逆差，雖能勉強撐持，卻也辛苦異常。

連向來被視為猶太人利益喉舌的《紐約時報》也看不過了。十月三日該報以頭條社論，呼籲以色列及早停止興建新社區。下週就是猶太教最盛大的懺悔節（Yom Kippur），有似中國人的春節。夏隆總理會不會真正懺悔呢？誰也不敢擔保。

卅三、台灣真的那麼不關心世界嗎？

（原刊九十二年九月廿九日《中國時報》）

每逢外國朋友討論台灣眼光短淺，只顧本身，似乎孤立於世界之外的那種島國心理時，我內心雖難免有些慚愧，總還能舉出如慈濟或世界展望會一類團體，遠赴非洲不毛之地幫助救災的事實，作為辯解。只有選舉迫近舉國若狂時，真讓我有百口莫辯之感。

以上星期為例，聯合國第五十八屆大會總辯論，各國總統、國王、總理與外長雲集，CNN 接連幾天全程轉播最重要的幾篇演說，而台灣絕少有人注意。此時如果有朋友問我：「你們迫切地要求加入聯合國，卻毫不關心聯合國的前途，這是什麼道理？」我實在無詞可對。

拿「弱國無外交」作為遁詞，也很難自圓其說。本屆聯大主席是誰？他叫亨特 (Julian Robert Hunte)，是聖露西亞的外交兼國際貿易兼民航部長。並非此人特別能幹，而是這個加勒比海島國只有十五萬人，反正事情不忙，所以能身兼數職。他的經歷，只在以前做過三年常駐聯合國大使。今年輪值由加勒比海地區擔任聯大主席，區內其他各國沒有更好的人選，所以區域集團 CARICOM 提名他。依照慣例，除該區以外的國家，對主席人選無置喙之餘地。他以高票當選，證明了弱國偶爾也能打出外交的天地。

一百九十一個會員國的總辯論，仍未結束。雖然美國的布希總統、法國席哈克總統、俄國普丁總統與德國施洛德總理的演說普遍受人注意，引起最多反響與注意的，卻是秘書長安南與馬來西亞總理馬哈地兩人。他們的共通點，都在於美國攻打伊拉克的後續效應，以及對聯合國前途的隱憂。安南礙於情面，措詞還比較婉轉。馬哈地那篇憤世嫉俗，淋漓盡致的演說，在彬彬有禮的外交場合裡，可說打破所有慣例，而台灣似乎沒人聽說過有這麼回事！

馬來西亞也只有兩千三百萬人，經濟比台灣略差，年平均所得九三〇〇美元。馬哈地卻以不結盟國家集團 (non-aligned movement) 本屆主席身分，毫不留情地把美國、以色列與所有白人國家痛罵了一頓。他先從歷史談起，斥責白種人早年同樣有許多野蠻與不道德的行為，卻藉現代文明之名，奴役剝削殖民地幾百年。他說：聯合國安理會只是半世紀前一場戰爭中五個戰勝國的工具。作為國際組織，它先天就不夠民主，現在更無力保護窮困弱小的國家。世界銀行、國際貨幣基金與世界貿易組織早已變成霸權主義的工具，只會劫貧濟富。聯合國已經沒人理會了，隨時都可能被推到一旁，雖然盡力掙扎，仍然站不起身來。

馬哈地為重建世界秩序開出的藥方，很難被各國接受。但作為世界大同的理想，仍然有散播的價值。他主張先限制否決權的行使，初期必須有兩個常任與三個非常任理事國反對，才能否決安理會的提案；最後則應完全取消。他指出：所謂自由市場經濟制度，實際使富者更富，窮者更窮。聯合國應該對國際貿易抽稅，以所得補助窮困的國家。各國貨幣互相匯兌率，應由一個國際委員會根據實際環境公平制定，不准跨國財團投機各國內部的外匯市場，乘機獲取暴利。富國更不得假借任何理由，補貼國內農產或其他產品，剝奪落後國家的生存機會。

他對新興帝國主義、傀儡政權與任意出兵攻打他國的批評，或許過激了一點。馬哈地本人去年已宣布準備退休，但他這些石破天驚的言論，還值得我們暫時放下台灣選舉的幻境，為這個日益縮小的世界村有無前途，作比較嚴肅的思考。

卅四、蔣經國不是神 他也是人

（原刊九十二年九月廿九日《聯合報》）

吳乃德〈回憶蔣經國、懷念蔣經國〉論文
是否逾越學術界限 自有公論

美國史學界流行翻案之風，至少有三四十年了。在資訊自由法成案之前，就有人倡議說，羅斯福總統明知日本即將突襲夏威夷，卻隱瞞不通知軍方，就是要民意沸騰，以便向德日宣戰，好幫助英國打敗希特勒。等美國政府檔案解禁後，歷史翻案派聲稱找到了「冒煙的手槍」，聲勢更加浩大。現在已自設網站，褒揚數十名翻案的「英雄」。了解這班人的心理後，這幾天圍繞在蔣故總統經國對台灣民主是否真有貢獻的論爭，也就不足為奇了。

仔細研讀中研院社會研究所吳乃德研究員這篇以「回憶蔣經國、懷念蔣經國」為題，

長達廿五頁的論文，我第一個印象是：這絕非一篇歷史的考據。因為從頭到底，找不到絲毫新鮮的第一手資料。它最多只是對蔣經國的評論，純屬作者個人的看法，而且並無任何佐證。作者自己也承認這點，他引述了許多「具有自由派色彩的學者，有些甚至活躍於民進黨及民進黨的政府中」的人推崇蔣經國的話，從高英茂到張旭成，從余英時到金耀基。作者的目的，就是要證明除他以外，幾乎所有的人在肯定蔣經國的改革時，都忘記了「蔣經國本人正是威權體制中的獨裁統治者」。

吳乃德是芝加哥大學政治學博士，他不可能不了解威權體制和獨裁政治的分別。早年台灣的政治結構，確實維持了某種程度的威權體制，這是大家都公認的。但不分青紅皂白地把威權與獨裁混為一談，而且隨便地互換使用，就不是公正謹嚴的學者應該做的了。

吳乃仁太太說她這位小叔很會讀書，這篇論文也可作為旁證。因為要強調蔣經國是個大獨裁者，作者把中外古今的獨裁者，從羅馬暴君尼祿到希特勒，都扯進他的文章裡。史達林、波帕、毛澤東、皮諾契、蘇慕薩、馬可仕、巴勒維、墨索里尼、佛朗哥、布里茲涅夫、甚至密特朗，都未能倖免。長達三四萬字的論文，約有一半篇幅都花在介紹中外歷史上獨裁者的心理與作為，引述雖多，但與蔣經國是否真是一個極權獨裁者，卻缺乏之能使人折服的立論基礎。最令人發笑的，是作者評述蔣經國的清廉形象時，順便提到了列寧。他說列寧表面上也很清廉，但卻在克里姆林宮裡存了大量鑽石，準備萬一共產黨垮台時逃亡之用。這樣子的比較，究竟用意何在，我真的看不懂；恐怕也只有作者自己才明白。

吳乃德在論文裡自承，與「領袖崇拜」現象曾有兩次個人遭遇：一次是在成功嶺受訓時接受檢閱，第二次則是蔣公逝世後，他服役的金門砲兵陣地裡曾設置靈堂。他的結論是：「這兩次遭遇都讓我因獨裁政治對人類心智的殘害，而對它產生無比的嫌惡。」在台灣的民主制度下，人人都有思想自由，他自然有權嫌惡任何人。但台灣其餘二千多萬人是否因蔣經國獨裁而受到「心智的殘害」，恐怕有待證實。那時他尚未出國留學，可見他的政治立場與個人觀點，受家庭影響為多，在獲得博士學位前早已形成，而與學問的關係較少。

作者與蔣經國從無接觸，只能引述他人著作，尤其是美國人陶涵 (Jay Taylor) 的《蔣經國傳》。因為這本傳記的成功，陶涵受哈佛大學出版社委託，準備寫蔣中正傳。幾月前來台蒐集資料時，我還和他談過兩次，知道陶氏從未把蔣經國評為「獨裁者」。相反地，寫完第一本書後，陶涵從開始時頗有懷疑的態度，轉而相當稱許蔣經國對台灣民主轉型的貢獻。吳乃德文中引用陶涵那本書有五處，結論卻與陶涵相去十萬八千里，也令讀者無所適從。

類此含糊地扭曲史實，還有不少地方。吳乃德把章亞若之死，旁敲側擊地記在蔣經國帳上。曾到大陸實地採訪，費了八個月時間寫《蔣經國與章亞若》一書的資深媒體人周玉蔻，以及章孝嚴委員，都已在電視節目上回應過，無需我再費詞。他指控說，林義雄家血案以及江南案都與蔣經國「很難脫離關係」，卻拿不出任何證據。日前在有線電視節目上，民進黨前主席許信良對他這種說法也不表示贊同。

自然，民進黨刊物以前也說過類似的話，但吳乃德的文章打著學術性論文的招牌，還帶有中央研究院的學術光環，在百餘位專家學者出席的「二十世紀台灣民主發展學術討論會」中正式發表。它有沒有權利跨越學術研究的界限，淪為純政治性的攻訐，國人自然會有公論。

蔣經國不是神，他也是人。他一生的曲折遭遇，其間的思想變遷，複雜萬分。他對台灣民主發展有無貢獻，不是中央研究院一位研究員就能完全推翻的。美國歷史翻案派引為得意之作的羅斯福暗許日本發動珍珠港事件說，為何站不住腳？道理很簡單，因為日本偷襲是十二月七日，次日美國國會通過對日宣戰。到十一日，希特勒才主動對美宣戰。事實就是事實，不是花言巧語，或引述些不相干的外國書籍，就能改變的。

卅五、國家考試與「官方語言」

（原刊九十二年九月廿六日《聯合晚報》）

英文裡所謂語文，包括語言(spoken language)與文字(written language)兩部份。政府官員每次提到「官方語言」，從不闡明他們所指的是口說的語言，或讀寫的文字，似乎把兩者混為一談，其實卻是截然兩事。

閩南語、客家語確實與國語不同，但它們都只是方言。儘管有心人曾斥巨資，出版過《台灣漢語辭典》一類的大部頭工具書作為詮釋，但河洛話的文學或任何性質的書籍仍然未能普及。如有人純用閩南語寫一本小說，我懷疑有多少人會花錢去買來讀它。各種國家考試若都用純正的閩南語出題，國家不知會亂成什麼模樣！

中南美洲與加勒比海三四十國，官方語言若非西班牙語，便是英語或葡萄牙語。非洲有五十四個國家，民族語言卻有數百種之多，各國結果仍以法語或英語為其官方語文。南非民主化最晚，八年前通過的新憲法規定十一種語言皆為官方語文。現在慘了，除英語與斐語外，其它九種連教科書都編不出來，遑論考試出題？有人粗略地算過，把南非現行法令譯成所有官方語文，五十年也做不完，耗費更難以估計。

硬把意識形態扯進人民日常使用的語言文字裡，既不識時務，也不可能成功。佔新加坡人口百分之七十六的華裔公民，世代相傳，大部份說閩南話，小部份說粵語。但新加坡的官方語文只有英語與華語，並且還鼓勵人民學普通話，也就是我們所謂的國語；可見這與國家認同根本扯不上關係。新加坡人學了普通話，難道就不愛新加坡，轉而去愛中國了嗎？

請當政諸公先把自己觀念裡何謂「官方語言」弄弄清楚，再來說話！

卅六、外行人看教改的外行話

（原刊九十二年九月廿二日《中國時報》）

像我這種退休了好幾年的人，家裡早就沒有學齡兒童了。但眼看政府約請大批專家學者，檢討教改得失的會議閉幕後，爭議反而愈演愈烈。最近又加上一條小學二年級應不應該背九九乘法表的問題；甚至有人為此要上街頭抗議，實在令我們這些外行人納悶不解。既然學化學的李遠哲院長有資格主導教改政策，外行人湊熱鬧說幾句外行話，或者不致被責為多管閒事吧。

首先，教改爭議的各方面，其動機都是為台灣的下一代福祉著想；他們提出的各種不同方案，也都有學說上的根據，這些我都完全接受，毫不懷疑。但或許正因為各有各的學術論點，或者像李院長那樣，拿他自己在國內與在國外受教育的經驗比較後，一心想改善國內確實存在的許多缺點，因而忽略了台灣特有的「望子成龍，望女成鳳」的社會環境，才是問題的真正所在。

造成這個環境的原因太多了：中國自古以來的「萬般皆下品，唯有讀書高」的傳統觀念，千餘年科舉取士制度的影響，只要有個博士頭銜就能跳越公務員升遷制度直登巔峰的無數前例，乃至過去大專聯考門檻難以跨越的程度，都使台灣的父母們，即使拚掉老命，耗盡錢財，也要把兒女送進最好的明星學校，以便將來可以出人頭地。

在外國，恐怕只有猶太人在這點上與中國人相似。歐美各國，從沒人認為所有的青少年，不論資質是否適於讀書，都該接受高等教育的。先進國家雖然有十二年義務教育，仍然認為大學教育是種特權 (privilege)，而非人人應享的權利 (right)。

這一點是非常重要的分別。我不知道教育部近年來大開方便之門，讓許多專校升格為學院，學院再變成大學，以致今天如就人口比例而言，台灣的大學數字很可能高居世界之首，所根據的是什麼學說或觀念？但其後果之一，是教育資源不敷分配，大學生的程度不但未能提高到國際水準，反而普遍有降低的現象，我聽過許多教授私下的抱怨。

不從根本上改變人人都想進大學、唸博士的奢望，只在枝枝節節上去改變中小學教育制度，豈止捨本逐末，恐怕永遠難以達到教改的崇高目標。此所以上有政策，下有對策：你取消了部頒教科書，我就逼學生把所有的參考書都買齊，填鴨死讀。你取消聯考改成甄試，我就讓兒女參加所有課外活動，備齊各種推薦信，看你如何分辨真偽。你總不能立法禁止補習班吧？我寧可省吃儉用，把功課本來不惡的子女送去補習，非讓他們考進建中或一女中，然後升學台大或清華不可。遇見這樣的家長，就是活神仙也難一下子改變他們的思想。

至於借教改為名，推動一黨之私的政治目標的花樣，如高考國文題有百分之九十六以閩南語為基礎，把中國史與民國史歸入世界史，今後史地教科書將以台灣為主等等，說穿了其實都是政治動作，與教改扯不上任何關係。馬英九、蔡英文或林佳龍都說錯了，躲在幕後出這種主意的人，才真是在台灣大搞「文革」。

我和其他外行人一樣，並無仙丹靈藥，能夠解開教改這個看似打不開的死結。但唯有先釐清問題本質，才能整理出解決之道。希望真正的教育家們，能夠完全撇開政治，冷靜思考，為台灣現在與將來的兒童，找出一條可走的平坦道路。

卅七、他山之石　可以攻玉

（原刊九十二年九月十五日《中國時報》）

中秋節台灣鐵路工會有驚無險的「合法休假」，雖無罷工之名，卻有示威之實。所幸大家都了解這不是開玩笑的事：當天所有班車都照常開出，民眾並未遭受不便。更重要的：我國工會史上首次的全國性會員大會，在總工會與律師團認證下投票結果，通過春節將罷工七天。不論最後如何決定，以及何人繼任理事長，台鐵工會的負責態度與自我克制值得國人讚揚。

無論平面或電子媒體，都把這次事件看成扁政府明年大選前的政治鬥爭，眼光未免短淺了些。往深一點想，台鐵勞資雙方的爭執，其實是個經濟與社會問題；再往更深處思考，則是國家永續發展的課題，與我們每個人都有關連。

十九世紀乃至二十世紀之初，火車仍是各國最主要的遠程大眾交通工具。等亨利福特成功地大量生產T型車後，各國如夢初醒，才知道汽車時代（the automobile age）來臨了。不滿五十年，航空時代 (the age of airplanes) 又從天而降。自此而後，全世界沒有一條鐵路的營運能不虧本 。徒然責備台鐵經營不善，豈但不公，而且顯示對歷史脈絡的茫然無知。

一九六三年，國有化後的英國鐵路局 (British Railways Board) 因虧累不堪，先大刀闊斧地改組並民營化，停駛了三千餘公里路線，關閉了二三五〇個小車站，但至今仍然奄奄一息，並未起死回生。美國更糟糕，一九七一年，美國所有民營鐵路合併改組為全美鐵路客運公司，簡稱 Amtrak。當時美國人也誤以為改組之後，這家公司就會轉虧為盈。但事實正好相反，Amtrak 照虧不誤，而且窟窿越掏越大，年年要靠政府撥款維持。卅二年來，美國政府總共補貼了它二百六十億美元。國會五年前甚至通過法案，規定從二〇〇三年起它必須自給自足。但現實困難不是立個法就能改變的；Amtrak 不可能關門，政府還得咬著牙補貼下去。

Amtrak 新任總裁耿大為 (David L. Gunn) 說，唯一可救 Amtrak 的藥方，是再投下上千億美元資金改善設備，重新再與公路和航空競爭。他提出至少在交通最頻繁的東北部走廊 (the Northeast corridor) 地區，即從波士頓經紐約、波爾的摩、到華盛頓的這條路線，改成高速鐵路。許多城鄉研究學者（urbanologists）和未來學者（futurologists）都支持他的意見，因為在歐美各國，公路與民航交通發展已達飽和點。將來的趨勢，必然會走回發展鐵路，以資疏運之途。

台灣地狹人稠，更遠甚於美東走廊；我們的西部平原如此狹窄，從北到南的距離又如此之短；我們更該學習美國的經驗。年底雖有第二高速公路全線通車，但只要經濟不再萎縮，不消一二十年，全台車輛總數必然會再增兩三倍，到時我們還能找到地方蓋第三條高速公路嗎？

要拯救台鐵，不能寄希望於民營化或公司化，那只是畫餅充飢而已。台灣鐵路局應該改成公法人，獨立經營，不隨政府更動而天天換人。台鐵的總負債額，不會超過中興銀行的虧損總額，應由政府代為償還。台鐵工會的五大訴求，符合最多民眾的利益；台鐵最值錢的資產就是車站與月台，如與高鐵合用，應由雙方同享收益，而非把台鐵當成前妻的孩子，一腳踢開，獨寵後妻所生。高鐵名為BOT，事實上絕大部份資金仍由政府拿出或擔保借貸，不如收回自建，與台鐵合併經營，才是為台灣永續發展整體考慮的正當作法。

卅八、激情過後的省思

（原刊九十二年九月八日《中國時報》）

說台灣人平安度過了一個動盪的週末，絕非過甚之詞。日前，號稱十萬人上街的「五一一正名大遊行」，無論發起者或幕後的實際規劃者，都有躊躇滿志之感。眼看調查國安密帳的火焰快燒上身了，李登輝再一次證明他仍是台獨運動的精神領袖，成功地把擔憂選舉前景的陳總統，從想朝中間路線靠攏的邊緣，硬生生拉回了獨派陣營。躲在台南看完電視現場報導後，陳水扁說：如果他現在不是總統身分，一定會帶著外孫參加，還加一句「這問題要留待時間慢慢解決」。驟聽下雖像是由衷之言，也顯示一個政客見風轉舵的本能。

這場遊行令人欣幸之處，是從頭到底，過程大致平和。像林義雄那樣，不計得失，全力為台獨運動奉獻的苦行者，儘管各人所見不同，仍然值得尊敬。遊行沒有演出任何不幸事件，證明台灣民主已經成熟了。如今四十幾小時已過，更該拋卻激情，純以理性與智慧，冷靜探討這次遊行的成功與失敗。

真要更改國家名稱，不會像策劃一場遊行這麼容易。憲法乃是國家的根本大法，泛綠陣營即使明年再贏得總統選舉，還要等立法院改選，至少囊括四分之三席次後，才能排除萬難，推動修憲。如果這純粹是國內問題，假以時日，或許有點希望。偏偏正名一事所牽涉的國際層面，遠比國內更多，也更複雜。

正名大聯盟的兩句口號，「會師總統府」辦到了，「進軍聯合國」卻沒那麼容易。煽動台灣獨立的人喜歡引述聯合國安理會第二七五八號納中共排斥我國的決議案，李登輝更拿它作為證明中華民國已經不存在的三大理由之一。扁政府動用國家資源，指令駐紐約新聞處滿街張貼仿紐約車票形式的廣告，高喊應該讓台灣加入聯合國，也頗具創意。但問題的癥結在於，如果以「台灣共和國」為名，申請加入聯合國，會不會被接納呢？人人都知道，新會員國加入須經安理會推薦，而中共在安理會享有否決權，不論你改成什麼名字，永遠沒有可能！

李前總統列舉種種史實，說明中華民國已不存在，所剩下的只有一個國號，所以要「正名」。撇開意識形態不談，平心靜氣看問題，即使他所舉的理由都對，台灣能享受五十幾年的和平建設，達到今日小康局面，正是拜這個國號之賜。有它在，中共才沒有動武的必要，美國也才能幫助台灣自衛。正名為台灣，我們反而會失去這把保護傘，這是多麼嚴重的事？

蘇聯崩潰後，共產主義早已不得人心；凡到過大陸的人都知道，中共今天能維持極權統治，所憑藉的是民族主義與愛國精神，而非毛澤東思想與馬列主義。我們自然不可能接受「一國兩制」；其實陳總統的「一邊一國」，與泛藍支持的「一中各表」，內容並無二致。所不同的是，陳水扁不承認九二共識在先，如今又被李登輝越拉越偏向台獨立場；北京對他已經從察其言觀其行，轉而認定他是「漸進性台獨」，連美國也慢慢有這種感覺了。

這次正名大遊行，雖然陳總統人不在台北；呂秀蓮因「尊重府裡的決定」，臨時也告缺席。在北京專責研究台灣政情的學者專家眼裡，如無民進黨全面發動各地黨部全力動員，包租遊覽車來台北助陣，哪裡會有這麼多鄉下阿公阿嬤齊集台北？這筆帳勢必記到陳總統頭上。正名大遊行究竟是得是失，對台灣已經困難的國際處境是加分還是減分，都還在未定之天。

卅九、看北京如何出手

（原刊九十二年九月三日《聯合晚報》）

昨天報載港府將我方駐港、以「中華旅行社」名義對外、而實為陸委會香港事務局，行文通知香港特區政府政制事務局，知會我將發行新版護照的附件，也就是印有新版護照封面樣張的那張紙，原封不動地退回，引起了各方重視與種種猜測。

外交部把責任推給陸委會，蔡英文主委不肯出面，只叫副主委黃介正出來打馬虎眼。他含糊其詞，既不肯證實，也不敢否認，以雙方溝通良好，「沒有個案之前，不能假設國人持新照去香港會出問題」搪塞過去。

前天才開始發的新護照，除領後得意洋洋去日本的蕭美琴立委外，哪裡會有人這麼快就去辦港簽？特首董建華在香港本地不孚人望，全賴北京大力支持，特區政府更不敢在涉台事務上違背中共的意志，所以這件事能否過關，還要看中共如何反應而定。

台灣吵得愈厲害，會逼得中共不得不表態。北京外交部發言人孔泉昨天已經說大陸不能接受，指護照加註台灣，是「漸進式台獨的表現，也是破壞兩岸關係的嚴重步驟」。

純粹去香港旅遊或血拚的人，究竟是少數。台港班機上絕大部份旅客都是轉機去大陸經商、旅遊、讀書、甚至相親的。只要受大陸委託核發台胞證的香港與澳門中國旅行社修改一下規定，今後除護照內頁外，還要加附封面影本，不必說明任何理由，因為大家都懂得理由何在，民進黨政府就會陷入進退兩難的境地。

為選前維持平穩的兩岸關係，希望中共顧慮台商對大陸經濟的貢獻，難得裝一次糊塗。但假如對岸反應激烈，台北也只能怪自己估計錯誤，自找麻煩。

四十、騙子的畫像

（原刊九十二年九月一日《中國時報》）

上星期裡國內有些新聞，令我想起美國的諺語：「你能在某一段時間裡騙過所有的人；你甚至能在所有時間裡騙過某一些人；但你總不能在所有時間裡，騙過所有的人 (You can fool all the people some of the time, you can even fool some of the people all the time, but you can't fool all of the people all the time)」。

這幾句話在美國家喻戶曉，但許多人不知道它的出處。依照麥克魯 (Alexander K. McClure) 一九○四年出版的《林肯閒話與故事 (*Lincoln's Yarns and Stories*)》裡的考證，它是林肯在白宮向來訪賓客說的。此書出版上距林肯被刺不滿四十年，應屬可信。

林肯第一句話：「你能在某一段時間裡騙過所有的人」，應用在蔣經國死後那十二年裡，再也恰當不過。經國先生去世時，我仍駐節瓜地馬拉，人在國外而心繫國內政局。與許多人一樣，我覺得國民黨內守舊派當時想阻止把黨主席職位一併交給已接任總統的李登輝兼任，既違反時代潮流與過去慣例，甚至是一種反動的行為。李當時尚羽翼未豐，我們更不是「國王的人馬」。但人同此心，心同此理，才造成他掌握黨國大權後，恣意妄為，聽任劉泰英使用五鬼搬運大法，掏空黨產之外，還把國安密帳化公為私，送進了不明人士的口袋。

跟隨李登輝身旁多年的丁遠超先忍不住了，以當年擔任他新聞秘書的身分，投書指出李登輝「昨是今非」的言行。李親自任命的國民黨秘書長與總統府秘書長章孝嚴那句「他不但騙了我父親，也騙了全國人民」，真要有極大的道德勇氣，才能說得出口。

他們兩位其實無須過分自責，因為全國人民，包括你我在內，都被李登輝騙了。我也聽李前總統親自否認過他是台獨，「我已經說過一百八十幾次了」。當時雖然有點半信半疑，總覺得既為國家元首，不會也不應該向部屬說這麼大的謊話。正因為大家都有「寧可信其無」的君子心理，才使李登輝能在這一段時間裡，幾乎騙過台灣所有的人。

林肯第二句話：「你甚至能在所有時間裡騙過某一些人」，最好的註腳莫如台聯黨對李不可動搖的支持。無論什麼人拿出什麼樣的證據，都無法動搖黃主文麾下那批人拚死也要對李效忠的決心。台聯在立院席次雖略有縮減，而且黨內也不乏有識之士，唯有在捨命護主這點上，防衛可云滴水不漏。友輩閒談，有人說阿扁手中還有張王牌：就是到明年二月選情緊繃時，由檢察官傳訊李前總統後聲請羈押，作為爭取游離選票的最後衝刺。但馬上也有人反駁說，如果氣走了台聯那部份票源，豈非得不償失？

林肯的第三句話：「但你總不能在所有時間裡，騙過所有的人」，才是顛撲不破的真理。平心靜氣而言，支持民進黨的大部份人，也不同意釣魚台本來就該歸屬日本。他們對拉法葉艦佣金弊案以及新瑞都案內情，不是不清楚。只因選舉在即，以大局為重，才不能不暫時擱在一邊，慢慢再說而已。

其實林肯那三句話，前面還有段開場白。就是：「一旦喪失了全國同胞的信任後，你就永遠無法重新獲得他們的尊敬 (If you once forfeit the confidence of your fellow citizens, you can never regain their respect and esteem)」。雖是一百五十年前的舊話，到今天尤見日久彌新。

四一、夏日炎炎　世局紛亂

（原刊九十二年八月廿五日《中國時報》）

只要在北半球，無論置身何處，八月都是最難熬的日子。人類幾百年來不知保護環境，造成全球氣溫日增(global warming)，到今天才身受其苦。享受慣了的法國，科技也算一流了，竟有上萬民眾熱死，衛生部長引咎辭職，聽來難以置信，卻是千真萬確的事。

隔海的英國，布萊爾首相本週必須面對任職六年來最大的政治危機。自從經費獨立、不受政府控制的BBC挑戰他追隨美國、對伊拉克出兵的政策決定後，先發生研究伊國大規模殺傷性武器問題的專家凱利(Dr. David Kelly)被懷疑洩密給媒體，遭受調查，因而自殺的案件，轟動大西洋兩岸。反對黨群起圍攻下，政府不得不特設獨立檢察官調查本案。布萊爾上週還在巴貝多度假，前天趕回英國，準備面對特別檢察官赫頓勳爵(Lord Hutton)約談，到時他的答覆勢難令人滿意。萬一保守黨、自由民主黨再聯合工黨內反戰派發動倒閣，代誌就鬧大了。

比英國政潮難上一萬倍的，是以色列與巴勒斯坦間不可收拾的局面。在聯合國、歐盟與美、俄四方面壓力下，好不容易才獲得以、巴雙方同意的停止互相攻擊的協議，以及美國辛苦構築起來的中東和平的一線希望，都因八月廿日在耶路撒冷市中心的自殺炸彈案，與那輛被炸毀的公車以及廿一名死者，可說同歸於盡。巴勒斯坦自治政府雖然下令嚴辦，同時要求以色列給它廿四小時緝兇，哪裡抓得到人？限期一滿，以色列直升機馬上出動，用空對地飛彈把哈瑪斯 (Hamas) 領袖之一的沙拿伯 (Ismail Abu Shanab) 和他兩名保鏢的座車炸毀。沙拿伯前天在加薩出殯，五萬人湧上街頭，高喊：「路徑圖完蛋了 (The Road Map is dead!)」。

隔著波斯灣的伊拉克，十九日發生汽車炸彈案，設在美軍管制圈外的運河旅社 (Canal Hotel) 幾乎全毀。聯合國特使戴麥羅 (Sergio Vieira de Mello) 與廿二人被炸死，百餘人受傷。聯合國人員月前回駐巴格達時，美國曾表示願協助維護安全，但因為攻伊時的心結，遭到婉謝。戰前聯合國駐伊拉克代表團因執行「石油換糧」計畫，規模龐大；這次回伊，仍把當年雇用的警衛召回服務。美國判斷，這些人從前必須做舊政權情治單位的眼線，其中少數人可能仍與轉入地下的海珊死忠分子有聯繫。如無內線呼應，載滿一千五百公斤炸藥的卡車怎會正好停在戴麥羅辦公室的正下方才爆炸呢？

在華盛頓，民主黨與美國傳統自由分子原看見攻伊迅速勝利超乎想像，不敢多批評布希總統。這下可好了，各種幸災樂禍的聲音趁機而起，紛紛主張請聯合國派遣維和部隊到伊拉克，逼得鮑爾國務卿不得不走一趟紐約，與安南秘書長會談，在記者會上表示歡迎之意。其實打開天窗說亮話，聯合國二十多年來在各地派駐的許多維和部隊，有哪處是成功的呢？美英聯軍如果拱手把伊拉克治安交給聯合國接管，只會促成海珊復辟，也給鄰近如伊朗、敘利亞等國製造混水摸魚的機會。最後如使聯軍轉勝為敗，這場仗等於白打了。

美國今日的困境，來自輕易打下了阿富汗與伊拉克，一時無法把這兩個滯留在十九世紀的封建社會改造成現代化民主國家；同時又想在以色列臥榻之旁，建立一個巴勒斯坦共和國，以確保中東和平。這些理想固然崇高，值得支持，無奈世上有理想與抱負的政治家不多，在八月炎陽蒸曬之下，大家揮汗如雨，心煩意亂，且等天涼些再說吧。

四二、「準國是訪問」台灣的新發明

（原刊九十二年八月廿二日《聯合報》）

總統府出來消音後，呂副總統大罵波音飛機公司「無恥」一案，連她自己也說不會再介入華航購機合約，看來就到此為止了。但副總統在返國記者會上說，她道經美國不是單純的過境訪問，已經進入「準國是訪問」的範疇了。這樣用詞可能誤導民眾，不可不加以說明。

外交上兩國元首的互相訪問，分為三級，規定極為嚴格。最高層的稱為「國是訪問(state visit)」，訪賓抵離時須由受訪國元首親自迎送，三軍儀隊在場行禮接受校閱，鳴廿一響禮砲，全體閣員與外交團各國使節排隊覲見，乃至國宴款待，相互授勳等等繁文縟節，一樣不可短缺。比它低一級的，稱為「正式訪問(official visit)」，雖然略為簡化，但基本禮儀包括同級職務者的迎送、國宴、贈勳等仍不能減少。今日元首外交盛行，各國領袖間往來頻繁。以美國為例，無論哪國元首就職後，都想到華盛頓走一遭，以資光宗耀祖，弄得不勝其煩。因此近年盛行的，是位階排在第三的「工作訪問（working visit)」。

我服務駐美大使館十六年中，眼見國務院基於事實需要，一步步地簡化接待國賓的禮儀與程序。為替日理萬機的美國總統節省時間精力，早年即使屬於第一級的國是訪問，國賓抵美後，先讓他在有歷史價值的賓州威廉斯堡住一晚，第二天才用直升機接到白宮花園，與總統象徵性地在禮砲聲中檢閱儀隊，就算了事。美國自認崇尚民主，從不對外國元首贈勳。至於國宴，也不一定邀請外交團或全體閣員，只以業務有關人士為限。

到了現在，除備受青睞初次訪美的外國元首偶爾還能享受一些禮遇外，絕大多數應邀訪美的總統、國王、副總統、總理或王儲，一概視作工作訪問。他們只能到白宮拜會一下總統，如此而已。談話以後，能否攜手同時出現，在白宮花園裡舉行記者會，還要看情形而定。胡錦濤到了白宮，卻並未與布希聯合舉行記者會，便是一例。

如有好事的記者拿呂副總統公開表示她去美是「準國是訪問」，去向白宮或國務院求證，美方如何答覆，不問可知。不論屬於哪一級，總要兩國地位相當的官員彼此見面，才叫做訪問。副總統此行除AIT副主席外，不曾見到任何一位美國官員。即使波音公司未受中共壓力，開門迎賓，皆大歡喜，也只是參觀而已。外交名詞不是隨便就能亂造的，副總統學的是法律而非外交，發言失誤，她隨行的幕僚不能辭其咎。

四三、北京對美外交的成功　不可輕視

（原刊九十二年八月十八日《中國時報》）

來美半個多月，多次與學者專家泛談廣義的中美關係，給我最深刻的印象，竟是北京對美外交之成功。這與鄧小平改革開放廿幾年來，大陸經濟年年保持百分之七以上的成長無關；更與台海部署飛彈數目年年遞增，民進黨希望美國該有的強烈反應，恰好背道而馳。大陸對外關係過去給人那種教條化、僵硬化的形象，可說已有一百八十度的轉變了。

純就表面而言，這些變化並沒有那麼顯著。自九一一以來，受國際關係重新洗牌之賜，它是一點一滴地形成的。回顧三年來美國朝野對中共政權觀感的逐漸演變，從二〇〇〇年四月海南島軍機碰撞事件，兩國關係跌至冰點起，能改善到今天這樣地步，實屬不易。中共怎樣能做到這一步，台灣無論朝野，都有仔細研究思考的必要。

布希總統就職之初，還把中共看成美國的戰略競爭者(strategic competitor)。二〇〇一年，美國國防部公布四年一度的「全球戰略評估（Quadrennial Defense Review）」時，鑑於歐洲局勢穩定已久，準備把今後國防部署的重點，從歐洲移至東亞，它的假想敵是誰，不問可知。去年九月，白宮公布美國的「國家安全戰略」，仍對中共政權的本質，有毫不客氣的批評。

曾幾何時，布希在德州農場歡迎江澤民時，已經稱大陸為反恐戰爭的「盟邦」。自此以後，雙方關係不斷默默地改善。法、德、俄在安理會反對美國攻打伊拉克時，中共儘量保持低姿態，兩面都不得罪，有其關鍵作用。尤其近幾月來，副國務卿阿米塔吉與國防部副部長伍夫維茲相繼訪問北京。此後國務院與北京外交部間互動頻繁，其層次之高、所顯示邦誼之敦睦，稱之為開創兩國建交二十五年來未有之局面，也不為過。

造成美「中」關係改善最主要的觸化劑，自然是金正日的核子恫嚇。美國雖然對出兵阿富汗與伊拉克毫不躊躇，對北韓卻深切體會到「投鼠忌器」的道理。先別說俄國與大陸，都反對美國對北韓用兵；即使條約盟邦的日本和南韓，也不願看見朝鮮半島重燃戰火。明知小泉純一郎與盧武鉉都不會支持，華府再強硬的鷹派官員只能望而卻步；這就是為什麼區區一個金正日，敢於挑戰舉世唯一超強的原因。

從地緣政治的大角度觀察，日本十年來經濟始終不振，被美國人看作「扶不起的阿斗」，才是促使中共行情看好的真正原因。最新一期的《外交事務》雙月刊有篇前駐泰國大使阿不拉莫維茲（Morton Abramowitz）與前駐韓大使薄思維（Stephen Bosworth）合著的文章，題目就叫「如何適應新亞洲（Adjusting to the New Asia）」，坦言美國不能再把日本看作東亞政策的基石，今後必須視北京為亞洲的新政治經濟中心（the centrality of China）。他們兩人從大陸對外著意營造的溫和姿態，談到中共已搶在日本之前，與東南亞各國組成 ASEAN+1 的自由貿易區，認為這也象徵了未來亞洲的趨勢。

今年 G–8 在法國的高峰會，胡錦濤已以特邀來賓身分，與亞、非、中南美各重要國家領袖列席。美國朋友們一致認為，大陸正式被邀參加世界最富有國家的俱樂部，兩三年後即將成為事實。G–8 變成 G–9 後，即使邱義仁再多跑美國幾次，恐怕也難挽回這種局面。台灣將如何自處，朝野各黨真該拋棄廟裡的神主牌，好好地想想了。

四四、改採政黨選舉制　糾正立院亂象

（原刊九十二年八月十一日《中國時報》）

內政部初步定案的「公職人員選舉罷免法修正草案」，已送行政院審查。所根據的就是民進黨的國會改造方案：採取單一選區兩票制；立委總數減至一五〇席，任期四年；其中區域八十四席，不分區六十席，原住民六席；政黨需至少獲得全國百分之五以上選票，才能分配到不分區席位；各黨提名人中四分之一以上應為女性等等。

這些構想看起來雖不錯，實施時就會發現大問題。英美實施民主幾百年來，兩黨制已深入民心；雖有其他小黨來來去去，從未打破兩黨輪流執政的傳統。但在台灣，合法登記政黨有幾十個，一大堆候選人擠在單一選區競逐的結果，當選立委者得票不可能超過半數，如何代表整個選區的民意？三年前全國選出一個少數政府，後遺症至今未了。假如小小一個大安區或文山區，選出的立法委員只代表少數意見，到那時豈不吵翻了天？

要預防這種情形發生，唯有以法律規定，候選人須獲絕對多數，亦即該區百分之五十以上的選票，才能當選。但這辦法只能用於總統選舉。如用於立法委員選舉，恐怕全國都被迫要舉行兩輪投票，就第一輪得票最多二人間，選出一位立法委員。這樣豈但過分浪費資源，更可能造成第二輪投票率降到低於百分之五十，使民主徒具虛名，國人也難以接受。

為一勞永逸，不如索性學西班牙、南非與許多其他國家的制度，採取選票不投給個人，直接投給政黨，而由各政黨從選前公布的候選人名單中，依得票比例分配立法委員名額。每一政黨須得百分之五的最低門檻仍可維持；此即所謂政黨選舉制。

如拿政黨選舉制與直接選舉制比較，前者有些什麼好處呢？

首先，台灣幾十年來地方派系壟斷選舉，造成的黑金氾濫，會因此一掃而空。過去那種挾地方椿腳勢力，使中央俯首聽任擺布的怪現象，雖在國民黨時期就已開始，民進黨執政後並未改善。同一件新瑞都案，劉泰英已被起訴，而余陳月瑛安然無恙；只看高雄縣余家班的例子，就可知地方勢力跋扈的程度有多麼嚴重，如何亟需拔草除根，從頭再來過。

其次，採取政黨選舉制，將逼使各黨認真拿政綱政見來爭取選票，不能再似是而非地混淆選民視聽。選票只投給政黨，全國統一計票後，賄選買票的情形必將減少。現在的種種競選考量，從派系關係、族群意識、個人魅力、乃至棄保效應等，其比重將大大減低；而選民手裡那張票的價值，相對地也將大為提高。這不就是政治改革的目的嗎？

以南非為例，因為選前各政黨所提候選人名單，與議會總席次相等；照得票比例分配名額後，所餘者即為該黨籍的候補議員。我國如予倣效，各黨自須確立制度，對於違反黨紀或行為乖張的立法委員，經一定程序後，可由所屬政黨除名，由下一候選人依次遞補。

立法院今天亂成這般模樣，議長的權威與尊嚴掃地，列席部會首長任人指著鼻子痛罵，都可歸罪於當年朱高正大鬧立法院時，主事者未曾樹立議場最低的禮儀與紀律所致。等到現在再想改革，時機已經太晚，積重難返了。

只有全面改變選舉制度，輿論才可以鞭策政黨說，你手上有把整飭紀律的尚方寶劍，為什麼不用它？改採政黨選舉制後，立法院議事秩序保證可在一夕之間，徹底改善，不但烏煙瘴氣的情事會完全消失，到選舉院長和副院長時，也沒人敢再跑票或亮票了。

四五、美國也有本難唸的經

（原刊九十二年八月四日《中國時報》）

今年二月底來美時，美國人正因安理會阻撓對伊拉克動武，興起一股同仇敵愾心理，連油炸的法國薯條 (French fries)，也被改稱自由薯條 (Freedom fries)。八月再來，則聯軍只費三星期就把海珊總統推翻的勝利，已經漸漸被人淡忘。相反地，報紙電視不斷報導駐伊美軍遭受海珊餘孽與社會黨人 (Ba'athists) 突擊困擾的新聞。美國人開始醒悟：正如賓拉登一樣，海珊不但未死，仍在領導部份伊人做長期抗美的游擊戰。他兩個兒子雖然遭人告密被美軍殺了，但各地襲擊美軍事件仍未中斷；照這樣拖下去，豈非越戰的經驗又將重演嗎？

伊拉克之戰如火如荼地進行時，美國民眾確實曾團結一致，做政府的後盾。除極少數因反對而反對的極左自由派人士外，布希總統的聲望如日中天。如果四、五月間舉行大選，他躺著也能當選連任。現在卻情勢大變，嗅覺敏感的民主黨政客們，一個接一個地跳出來，與英國反對布萊爾首相的保守黨人遙相呼應，抓住伊境至今尚未找到大規模殺傷武器（WMD）的小辮子，大作文章。雖然中央情報局長泰奈特護主心切，把國情咨文中誤指伊拉克曾試向尼日購鈾的責任，攬在他自己身上，但聞到了血腥氣的獵犬們，怎肯罷休？

這只是一般老百姓的感受。我遇到的智庫學者、軍事專家們卻有更深一層的困擾。在他們眼裡，WMD不是什麼大問題，只是開戰以前，布希總統不敢實話實說，硬指海珊確實擁有WMD，現在派了一千五百名專家搜查全伊，仍未找到證據，才惹上一身麻煩。他們認為大選為期尚遠，只要選前能找出真憑實據，對連任反而有利。

他們所擔心的，是美國自己那本難唸的經。一位多年老友向我說，美國對阿富汗與伊拉克出兵的真正原因，是九一一事件後，民意壓力逼使政府必須表現出應變的能力（ability to do something, anything）。基地組織（Al Qaeda）拿民航機作武器，撞毀紐約世貿大樓，文明國家雖加以譴責，落後國家反而叫好。他們認為在戰場上，無人可與美國對敵，只有賓拉登這種不拘泥於國際法或「日內瓦公約」的手段，才能拉平雙方距離，打到美國的痛處。美國人當時不懂，現在才體會到，伊斯蘭教人民竟然如此痛恨美國！

美國兩次出兵，雖然無往不利，就反恐戰爭整體而言，布希總統始終沒有找到真正的敵人在哪裡。不但賓拉登與海珊兩人依然逍遙法外，而且重建阿富汗與伊拉克兩國，使它們成為中亞與近東的民主燈塔，不是拿錢就能買到的。美國又不斷面臨新的挑戰：伊朗正在幕後支持佔伊拉克人口多數的什葉教徒，企圖在民主外衣下，純靠票數奪取政權；北韓更明目張膽地開始製造核武。美國能第三次出兵，攻打伊朗嗎？能不顧中共與俄國的反對，炸掉北韓在寧邊的原子爐嗎？

美國人是最沒有耐心的民族，也最不適合「帝國主義」的稱謂。阿富汗新政府雖一再懇求，美國堅持不願駐兵協助維持秩序，只留八千人在巴基斯坦邊境，繼續追捕賓拉登；其結果是阿富汗內地仍然被軍閥割據，喀布爾的政府形同傀儡。現在卻不得不準備留駐伊拉克，聲稱三、四年內不會撤離；而重建伊拉克成為近東民主楷模的工程，談何容易？眼看明年大選將屆，共和黨與布希總統如何應付內外困局，還真不簡單。

四六、期待兩韓重啟對話

（原刊九十二年七月廿七日《聯合報》）

板門店協定五十年　雙方仍缺最低互信

一九五三年七月廿七日，以美國為主的聯合國總部與南韓政府為一方，北韓與中共「人民志願軍」為另一方，在板門店簽署停戰協定，結束了三年一個月的韓戰。然而這卻是一場沒有結果的戰爭。

國際慣例在停戰後，雙方應繼續協商，簽訂和平條約。板門店協定簽署五十年了，兩韓仍處在「停戰」狀態下，如果戰火重燃，理論上只是韓戰的延續，並非任何新的戰爭。當年北韓由金日成統治；他的兒子金正日，今天仍是北緯卅八度停戰線以北的獨裁者。兩月來，他先退出禁止核武協定，繼而承認正在製造原子彈，公然向美國與國際原子能組織挑釁，美國似乎也拿他毫無辦法。

五十年來，東北亞經過了巨大的變遷。大韓民國從廢墟中重建，先躋身亞洲四小龍之列；六年前雖受金融風暴衝擊，近兩年又恢復高成長。僅就經濟發展而言，至少在重工業方面，如鋼鐵、汽車、造船等，已經把台灣拋在後面了。南韓政治固然不甚穩定，盧武鉉當選總統，使美國人跌破眼鏡。其實如就韓人對國家重歸統一的期望而言，儘管盧與前總統金大中不屬同一政黨，他仍承繼了金大中的陽光政策。在不願見朝鮮半島重啟戰端這一點上，他和日本小泉首相的立場是一致的。

兩個韓國疆土鄰接，不像台灣與大陸之間有海峽阻隔。但兩韓在民間來往上，卻遠遠落在台海兩岸之後。外國人不知其中奧妙，難以了解為何一九九〇年雙方已曾舉行總理級會談，次年還簽署了所謂「基本協議」，怎麼都不算數呢？究其原因，南北韓雙方各懷鬼胎，彼此缺乏最低限度的互信，才是最大的障礙。

自蔣經國總統開放大陸探親到現在，去過大陸的總人次早已超過台灣人口總數；在大陸居住或經商的台灣人在七、八十萬左右。相形之下，至今僅有七批南韓人曾獲平壤批准，去北韓與家人團聚，而每批才只一百人，老實說雙方都缺乏誠意。南韓想藉電視上親人的眼淚，獲取政治與選票上的利益；而北韓只是趁機敲詐，才不管老百姓的死活。

剛下台的金大中，三年前秘密用一億美元賄賂，換來與金正日的高峰會。全案仍在南韓發酵，會不會演變成像七年前公審全斗煥、盧泰愚那樣的好戲，還要看盧武鉉這一任做不做得完而定。

金正日如非絕頂聰明，算無遺策，就是染有希特勒式的自大狂。假如他屬於前者，目前這種鋌而走險的做法，靠中共與俄國「臥榻之旁，豈容他人鼾睡」的心理，美國也許投鼠忌器，短期內不敢動他。假如屬於後者，玩火玩得太久了，終有一天會出事。今天是兩韓簽署停戰協定五十週年紀念日，作為東亞鄰國，我們希望兩韓早日恢復誠意談判，避免另一場戰禍浩劫，貽害千秋。

（作者於韓戰期間曾任聯合國部隊翻譯官）

四七、選舉語言　選舉策略　真奧妙

（原刊九十二年七月七日《聯合報》）

阿扁說「一邊一國」是愛台　在野黨提「一中各表」是賣台

說民進黨沒有人才，其實欠公平。民進黨缺少的是治國與拚經濟的人才；若論選舉技術與策略，可謂兵多將廣；國親兩黨著實該向綠營好好地學習學習，才有迎頭趕上的希望。

一直到六月中旬，泛藍陣營總算學乖一點了。對民進黨投出原以為穩贏不輸的「諮詢性公投」變化球，避而不接，讓它落空。相反地，國親兩黨反而催促立法院立即召開臨時會，認真地討論所有公投法案，而且對蔡同榮所提代表台獨聯盟立場，也最受基本教義派擁護的版本，情有獨鍾，預備把它拱上台前，使民進黨陷入進退兩難的困境。

看對手方忽然開竅了，綠營一時倒也慌了手腳。先搬出「財經六法」來擋一擋頭陣，繼而府院黨同聲改口，再也不提諮詢字樣，高唱起「防禦性公投」來。陳總統選擇在美國獨立紀念日高喊，除非人民透過公投決定，否則「沒有一個國家、政府、政黨或個人，能夠改變台灣的未來及目前獨立的現狀」。話說得很漂亮，擲地有聲。其用意在一面為基本教義派打氣，表示民進黨連美國都不怕，還怕什麼？另一面卻又重申「四不一沒有」的保證，讓包道格和華盛頓安心。這是他常常扮演的兩手策略，不過，路走得越遠，危險度就越大而已。

本週登場的立法院臨時會，站在苦哈哈的老百姓立場，希望這次雙方辯論中，應該澄清所用的辭彙，不要雞同鴨講，說了半天，仍無交集之處。

台灣政治所以如此混亂，就是因為政客們把老百姓當傻瓜騙。舉個最簡單的例子：兩岸關係是台灣一切困難的根源，該如何處理它，民意早有共識：就是暫時維持現狀，不統不獨，讓時間來解決問題。而且十一年前雙方早有「一中各表」的共識，在此共識下，可以「求同存異」，各取所需，把統獨問題暫且擱在一邊不提，先就實質性問題如三通、共同打擊犯罪、乃至防阻 SARS 再起等事商談。

這個「九二共識」，不是國民黨前政府編造出來的，有大陸海協會來的傳真函為證。

但民進黨執政後，偏偏不認這筆帳，儘管白紙黑字寫得明明白白，卻硬說並無此事。泛綠陣營把這句不能分割的話後面兩個字「各表」，硬生生地一筆抹殺掉。凡有人提「一中」者，就被打成接受「一國兩制」，就是賣台，不夠愛台灣，因此不該投他一票。

仔細想想，陳水扁總統再次使用「一邊一國」來形容兩岸情勢，歸根究柢，它不就是「一中各表」嗎?為什麼總統如此說就是愛台，而反對黨「一中各表」的說法就是賣台呢?除歸之於民進黨對選舉語言與選舉策略運用之靈活外，實在沒有別的解釋了。

四八、「諮詢性公投」 必要性何在？

（原刊九十二年六月廿二日《聯合報》）

有人會反對加入WHO嗎？

立院覆議確定核四續建　主機也已運抵　能退回機器嗎？

美國在台協會包道格處長假借陪同副手辭行為名，星期五拜會陳水扁總統，向他委婉卻很明確地表示，美國反對台灣進行任何性質的公民投票。我希望這報導能喚醒滿腦子都是選戰得失的政府官員與民進黨領導人，自作聰明的算計，其實只能騙騙中南部老百姓；休說北京了，連華盛頓也瞞不過去。

陳水扁總統已經多次表達明年要舉辦公投的態度。行政院體察上意，準備在總統選舉同時，舉辦要不要加入世界衛生組織，與應否興建核四廠的公投，定位為「諮詢性公投」，說是只用來作為施政參考。其實司馬昭之心，路人皆知。試問：台灣會有任何人反對加入WHO嗎？這種大家都百分之百贊成的事，有何公投必要？至於核能四廠，兩年半前立法院已在激烈辯論後，覆議確定續建在案。雖然林義雄前主席苦行全島，七月四日即將率人到總統府前「靜坐」，總統或行政院也不能罔顧憲法規定的決策程序，假公民投票之名，改變既定的政策。更何況重逾千噸的核四廠主機已運到了，難道能以公投為藉口，把機器退還給GE嗎？

民進黨政府操作的許多花樣，從兩年前APEC代表人選，到高明見事件，都把國家利益放在一旁，而以強調中共打壓，激起民眾義憤為主要動機與目的。選舉只剩八個多月了，泛綠陣營處心積慮地要把國親新三黨醜化為「賣台集團」。泛藍因而顯得有點投鼠忌器，我覺得這是個錯誤，應該把話說清楚才對。

怎麼說呢？「一國兩制」旨在矮化台灣，絕對不能接受。但「一個中國」原則，如與「一中各表」綁在一起，對台灣卻有利。「九二共識」的精神，在於雖然同意中國只有一個，但對台灣而言，一個中國指的是中華民國，而非中華人民共和國。對岸既已明白接受一中各表了，我們要抓住這句話不放，作為今後所有接觸的基礎。它的功用在說明雙方認知確有不同之處，但雙方也同意「求同存異」。把不同之處擱置一旁後，兩岸可另就急需磋商的事務，如保障大陸台商權益，逐漸開放直航等。這有什麼不好？對「中華民國是個獨立主權國家」的基本立場，有何損害？

台灣百分之八十以上的民眾都贊成維持現狀；將來的事，等到將來再說，所謂「一中」，指的是中華民國，這才是我們應該堅守不變的地方。SARS 疫情逐漸受到控制，口水戰勢將更趨激烈，希望不再有高明見醫師事件發生，各黨認真去比政綱政見，讓人民能作真正的選擇。

四九、法律還有什麼尊嚴？

（原刊九十二年六月十六日《聯合晚報》）

這幾天的平面與電子媒體報導的兩則新聞，令人看了感到羞辱與不齒。劉泰英被檢察官以十二項貪瀆罪名起訴，親友們湊足六千萬元把他保釋以後，若無其事地照常上班，批公事。財政部一再放話要他辭職，他卻置之不理。

朱安雄被控以五百萬元一票的代價，賄賂高雄市一大半議員選他當議長；被捕後在偵訊期間，坦承不諱。有些拿了錢的議員也把賄款繳了出來，證據確鑿，無可爭辯。現在只花五百萬元交保釋放了，居然也到市議會上班。還敢對記者說，辭職不能解決問題，如果重新選議長、議員，「社會將付出更大代價」！

他們二人絲毫不覺得慚愧，我卻真替我們的國家難過。

中華民國真的如此沒有是與非的觀念了嗎？傳統道德教導我們的禮義廉恥，難道真已完全淪喪了嗎？如果因賄選或貪瀆案被起訴的民意代表或金融鉅子，都能照樣穩坐在位子上，讓重金禮聘的律師團替他們巧言辯解，拖延個三年五載，人民還有什麼保障？法律還有什麼尊嚴？這個國家還有什麼希望？

在民主先進國家，背負這樣嚴重罪嫌的被告，雖因案件尚未開審，暫時獲得保釋，無不立即辭去所有職務，靜待法律裁判，也不會有一家報紙或電視台，會拿珍貴的篇幅或時間，供他們巧言辯解。如有這種情事發生，法院也會以影響審判為由，處分提供他們這種機會的媒體。

台灣如果想自我提升而不再沉淪，首先要教導人民知道羞恥。媒體作為社會教育公器，千萬不要被無恥的政客利用。

五十、以巴聯手 撕碎「和平路徑圖」

（原刊九十二年六月十四日《聯合報》）

雙方冤冤相報 無法自行克制 強大如美國 也只能在旁乾著急

布希總統六月六日才結束歐洲中東之旅。他五日在約旦的阿卡巴，與以色列總理夏隆、巴勒斯坦總理阿巴斯、約旦國王阿布都拉舉行高峰會後，對世人所作的莊嚴宣示，言猶在耳。僅一個星期後，就被巴勒斯坦的哈瑪斯恐怖組織和以色列國防軍聯手撕得粉碎。

美國趁巴勒斯坦國民議會選出阿巴斯擔任總理職務，趕在四月底公布解決以巴爭執的「路徑圖」，原本對解決五十幾年糾纏不清的以巴爭執，抱有很大希望。三年前柯林頓總統居間調停的「大衛營協議」之所以無法執行，就是因為哈瑪斯與其餘的阿拉伯恐怖組織有伊拉克、敘利亞等國撐腰，公開或秘密用金錢和武器支持他們，務必要把猶太人趕出聖地，消滅以色列為止。現在伊拉克海珊政權已被摧毀；美國兩月來不斷用言辭威嚇抨擊敘利亞，雖說旨在阻止阿塞德總統庇護伊拉克舊政權官員，骨子裡實在也含有警告敘利亞和受它控制的黎巴嫩，不准再繼續破壞中東和平的深意。

美國人心知肚明，伊斯蘭世界對美國的仇視，一大半種因於美國對以色列多年來的支持。華府不乏有識之士，了解這項政策如不修正，中東將永無寧日。但他們更清楚「以色列遊說團」在美國國內碩大無比的影響力，稍一不慎，甚至會使布希總統明年底尋求連任的選舉，增加困難。美國同時也接受了夏隆總理的看法，認為巴勒斯坦當局的阿拉法特，在場面上簽署了「大衛營協議」，骨子裡卻放任恐怖分子不斷從事自殺性攻擊，企圖左右逢源，是個十足的騎牆派。阿卡巴高峰會的真實意義，在於美國一腳踢開了巴勒斯坦總統阿拉法特，扶起了總理阿巴斯，寄望他能與夏隆合作，開創以巴和平的新局面。

如果中東和平的「路徑圖」真能發揮作用，在聯合國、歐盟、俄國與美國「四方面」監督調解之下，以色列拆除非法建立的移民家園，最終從佔領的加薩走廊與約旦河西岸撤軍；而巴勒斯坦也能約束住極端分子，不再對猶太人作於大局無補、兩敗俱傷的攻擊。雙方逐漸建立互信，則兩年後巴勒斯坦正式建國，阿拉伯各國承認以色列的生存權利，並非純屬夢想。如成事實，布希總統豈止安安穩穩做完第二任而已，拿個諾貝爾和平獎，也是順理成章的事。

但是白宮這把如意算盤，仍然經不起以巴雙方或明或暗的破壞。一週來哈瑪斯先說反對路徑圖，繼而又改口支持；巴人在耶路撒冷的自殺性炸彈攻擊，反而愈演愈烈；日前假扮正統猶太教徒者在市中心巴士上引發的炸彈，死傷竟超過一百人。夏隆總理雖開始拆除一處猶太人非法房屋，仍然指揮國防軍對恐怖分子趕盡殺絕，不留餘地。布希總統儘管不高興，只能在記者會上發表對雙方都不滿的聲明，他最重也只能說：「這種攻擊對以色列的安全並無幫助」。從聲明文字之簡短，講完話後不接受記者提問，都反映出美國的無奈。

美國自然不會就此放棄努力，布希必將繼續對夏隆施壓，要求以色列不得再訴諸武力，因為那樣只會使阿巴斯總理更難約束巴勒斯坦的極端分子。但以色列也會答覆說，繼續縱容哈瑪斯，只會增長恐怖分子的氣燄。歸根究柢，以巴雙方能否自行克制，才是問題的關鍵，強大如美國，也只能在旁邊看著乾著急。

五一、強權的勝利　改寫了國際法規則

（原刊九十二年五月廿四日《聯合報》）

雖然所有在台灣的人只關心SARS這一件事，廿二日聯合國安理會通過的第一四八三號決議案，對關切國際關係與國際法人士而言，仍然是影響世界的大新聞。如果拿這項決議案與三月初美、英、西對抗法、德、俄僵持不下，導致小布希不顧各國輿論抨擊，逕自出兵的決定相提並觀，前後對照尤其明顯。不論全球的反戰群眾喜不喜歡，美英聯軍已經贏了這場戰爭，再多的言詞也不能改變鐵的事實。

這項包括十七段前言、廿七段實務規定的決議案，改變了國際法有關佔領國與被佔領國關係的許多前例。從美國觀點而言，它無疑是一項重大的外交勝利。

首先，六頁長的決議文，一字不提在安理會造成僵局後，聯軍攻打伊拉克是否合法的問題。它只號召所有會員國支持伊拉克人民「改造制度」，重建國家，並儘可能提供人道援助，甚至呼籲各國拒絕庇護舊政權高級官員，把他們交出來接受審判。換句話說，決議文完全承認了聯軍已經消滅海珊政權的事實，間接地使這場戰爭變得合法了。

更令人詫異地，決議文正式承認美英聯軍佔領伊拉克後建立的軍管制度，直接稱之為 the Authority，而且當局那個字還用大寫，貫穿全文。決議文雖然表達了伊拉克人民能自行決定其政治前途的希望，卻未明定任何期限。換句話說，美、英、現在又加上波蘭的佔領軍，根據這項新決議，可以長期佔領伊拉克全國，直至伊國民主化的程度令他們滿意為止。

又其次，聯合國對伊拉克本來管頭管腳，多般限制。自從一九九〇年海珊悍然攻佔科威特到現在，安理會共曾通過六十五項有關懲戒伊拉克的決議案，其中最重要的就是准許伊國出口石油換取糧食的決議。聯軍戰勝後，本來還有人建議聯合國把住這項計畫不放，作為牽制美英聯軍的手段。但是這一切限制，都隨一四八三號決議案一筆勾消。從今以後，美、英、波軍管當局能放手運用伊拉克取之不盡的油藏，設置「伊拉克發展基金」，以應治國及重建所需。決議文裡寫得清清楚楚，基金將完全受聯軍控制；世銀與國際貨幣基金的代表，只是稽核委員會委員之一而已。

幕後討價還價過程中，聯合國總算爭到了小小讓步。安南秘書長得指派一名「特別代表」，與佔領軍及作為其傀儡的伊國臨時當局會商協調，統籌有關人道援助與其它事務。至於聯合國武檢團與原子能組織未竟前功的檢查事宜，第一四八三號決議文雖提起，卻只能「鼓勵」美英聯軍繼續將搜查情形告知安理會；並表示在適當時期將重新考慮，替自己找個下台階。

安理會為何如此窩囊？德國常駐聯合國大使說得好：「仗都打完了，還有什麼可說的？現在大家應該關切的，是如何為伊拉克人民謀求福利。」安南秘書長則只能說：「安理會能重新團結，考慮伊拉克的前途，我們都應該感覺慶幸。」

安理會廿二日原定九時半開會，因為敘利亞大使假借回國述職為名缺席，直等到十時十分才開始。十四票對零的結果，敘利亞是缺席而非棄權，可以想見它真正的理由是不知阿拉伯國家對這項決議案會如何反應。當天下午，敘利亞代辦才出席安理會，怯生生地解釋說，如果有充分時間研究，他也會投贊成票，可見辦外交也常放馬後砲。

美法之間因安理會僵局造成的不愉快，這樣就算過去了嗎？恐怕不見得。一四八三號決議案通過當日，席哈克總統立即借題打電話給布希；兩人這幾天還會在巴黎共同出席七大工業國加俄羅斯的高峰會議。但鮑爾國務卿廿二日在巴黎出席七國外長會議時，向記者們表示，安理會最新的決議案雖然「跨出了正確的一步」，美法間這筆舊帳仍然未清。他說：「你是問過去意見不合的情形已經統統被忘懷了嗎？沒有。我們仍須繼續努力去化解它。」

五二、我所認識的劉振強先生

（原刊《三民書局五十年》，三民書局九十二年七月出版）

民國五十二年，我奉派去紐約，以駐美大使館參事名義，兼駐紐約新聞處主任，一待就是十六年。此後東奔西走，任所遍歷歐洲、中南美洲與非洲，直至民國八十七年初返國退休，幾乎有三十五年時間久居國外。因此，不但錯過了台灣經濟蓬勃發展的黃金年代，也失掉許多結識各方俊彥的機緣。

在國外住久了，經年累月耳濡目染的結果，對先進民主國家的典章制度、歷史起源、乃至民主政治的制衡設計，多少有點認識與領悟。正好遇上台灣這幾年變遷迅速，亂象叢生，基於恨鐵不成鋼的心理，對有些現象不免看不順眼。友輩閒談，有人說：與其坐著發牢騷，不如寫下來投給報社，至少把你的意見讓多一些人知道。那年兩大報紙的負責人——聯合報張社長作錦與中國時報黃社長肇松——恰巧都已相識多年。於是我又重新拾起在南京與台北早年的舊業，開始向報社投稿。唯一不同之處，是當年爬在桌上填方格子，而現在卻坐在電腦前，用漢語拼音法輸入並修改文稿而已。

八十九年底，正中書局石董事長永貴打電話來說，要介紹一位朋友和我認識。在紅爐牛排館見面後，才知道他是三民書局的劉董事長振強。說老實話，因為去國多年，我對國內出版界的情形真正一無所悉，既不知道三民已經出版了六千幾百種書籍，更不曉得它在大專教科書中的領袖地位，幾乎可與英國的龍門書局 (Longman's) 或美國的麥克勞希 (McGraw-Hill) 相提並論，可見我當時的愚昧。

席間閒談，我們倆都操江浙口音，又有許多共同的朋友，可謂一見如故。談了半天，石董事長才說，劉先生的意思是假如我在寫回憶錄，三民書局願意替我出書。我笑著感謝他的美意，但不得不承認，五年前我還在南非任內的時候，就被天下文化的高董事長希均下了訂；回國不到幾天，他設宴歡迎，就這麼糊裡糊塗地「簽下了賣身契」，目前正在趕寫，已經快有十萬字了。劉先生趕快說，不要緊，我如有其他計畫，他也願意替我出版。

這就是我與三民書局結緣的開始。我把八十七到八十九這三年間在各報章雜誌發表的三十五篇文章，加上時期更早的五篇結集在一起，作為「三民叢刊」第二二七種，九十年三月問世。要替這些雜七雜八的文章取個能籠罩內容的書名，還真不容易，幾經思考，只好把它叫做《如果這是美國——一位退休外交官看台灣》。我在自序裡也坦承，這是不得已的第二選擇，因為第一從缺，只好湊付著算了。直至今日，我仍然想不出一個更恰當些的總題。

九十一年四月，天下文化出版了《微臣無力可回天——陸以正的外交生涯》。這兩年間，劉先生與我成了好友，常常相約吃飯，並無任何目的，只是隨便聊聊，或縱論天下大勢，更多時候則因為兩人年齡相差無幾，談的都是早年台灣的學者教授與他們的遺聞軼事。偶然講起從第一本書以後，九十與九十一這兩年裡，我在各報又發表了六十幾篇文章，三民書局因此又替我出版了《橘子、蘋果與其它——新世紀看台灣舊問題》，列為第二六四種「三民叢刊」。九十二年二月十日中午，我才把初稿校完；十四日居然收到剛從印刷廠裝訂好的新書，真使我大吃一驚。我想世界上除台灣而外，恐怕沒有第二個地方能夠做到這樣的高效率。

真正領悟到三民書局對教育文化事業的堅持執著，是九十一年夏初，劉先生要我主持《三民簡明英漢辭典》的編譯工作。我起先甚為躊躇，倒不為別的原因，而是耽心辭典是件曠日持久的大工程，恐非三五年不能竟其功。他解釋說，三民早與日本最著名的出版社「三省堂」簽訂契約取得版權，將釋義的部份譯成中文後，變成英漢辭典在台發行。編輯部外文組同仁已經工作了兩年多，只需要一個人從頭到底審閱一遍，修正錯誤，補入缺漏，以副讀者期望，因此我才敢接下這件差使。

我自幼讀教會學校，學ＡＢＣ至今已逾七十年；其間住在國外的年頭超過半數，說英語比說中國話的時間至少相等，可能還多一些。英文早已成為世界語言，容納了數以萬計的外來語，更隨時加入創造出的新字，兼收並蓄的結果，任何英文辭典每兩三年必須重加修訂，才能趕上時代的腳步。九個多月來，我每天大半時間都花在看辭典原稿上，對外文組編輯同仁的工作成績深為讚賞，對劉先生為人做事的態度，又加深了一層認識。他對同仁期望很高，但從不給他們工作壓力。他對細微小節都很清楚，但從不橫加干涉。尤其難得的是，他對書局每位同仁都信任有加，才有這麼多人肯死心塌地在三民書局奉獻了自己的青春，也為台灣學術文化打造出一個美好的未來。

五三、荒唐的外交部

（原刊九十二年五月廿日《蘋果日報》）

馬偕醫院周姓醫師接觸過SARS病例後，還隨團去日本旅遊，自然極不應該。日本媒體批評為「不可思議」，認為台灣醫師的倫理道德有問題，我們也只能垂頭不語。但是民間甚或衛生署都可以表示抱歉，唯獨外交部不該捲進這場糾紛，在第一時間裡就迫不及待地發表正式聲明，命令駐在東京的羅福全先生「代表我國政府向日本政府轉達對日本人民最誠摯的歉意」。

在外交關係上，這類的措詞極為少見，通常只有一國在故意情形下，對另一國造成非常嚴重的損害，為避免兩國兵戎相見，才會使用如此卑躬屈膝的文字。

兩年前中美軍機在海南島碰撞事件，中共米格機駕駛員王偉人機俱毀，北京堅持要華府道歉（apology），美國堅持不允，最後用「非常遺憾（very sorry）」兩字解決；可見有尊嚴的國家，不是隨便就向他國道歉的。周醫師所作所為，完全是個人錯誤，與我國政府有何關係？依外交慣例而言，僅兩國有正式邦交往來時，才需要道歉。日本政府自一九七二年起，從未承認中華民國是個國家，也從未理會過我國政府任何聲明。台灣慰安婦到日本去打血淚官司，未見政府說過一句公道話；釣魚台被日本強佔這麼多年，政府也忍氣吞聲，不敢替漁民去爭明明是幾百年來的傳統漁區。

我們為什麼老拿熱面孔去貼別人的冷屁股呢？除了有一批人妄想日本會支持台灣的獨立夢之外，我想不出其它的理由。

五四、歡迎競爭夥伴　不必東施效「蘋」

（原刊九十二年五月六日《聯合報》）

在香港辦報成功的黎智英，在《壹週刊》奠定基礎之後，又挾雄厚資金與對小市民階級心理的深刻了解，創辦了台灣版的《蘋果日報》。《蘋果日報》出版以來，果然一炮而紅。

五元的超低零售價吸引了無數好奇讀者，如果這趨勢能維持一年半載不墜，國內報界生態肯定會重新洗牌。但是日久天長，它能維持住這幾天的聲勢嗎？現在還很難說。

《蘋果日報》黎老闆固然有擲下百億新台幣，先攻佔至少四分之一的報份市場，等站穩腳步，再收回創刊期間投資的心理準備。但這個市場早已擠滿了競爭者，近年來，連幾家大報都虧損累累，已是公開秘密。其中原因固然很多，但主要因為廣告大餅被電視分掉了至少一半，是眾所周知的事實。原有的三大報已有大量長期訂戶，分類廣告收入更不受經濟衰退的影響，才能勉強撐持。《蘋果》新來乍到，儘管零售數量驚人，要趕上幾家大報的銷數，還需要相當長的時間，不是一蹴可幾的。

台灣市場規模狹小，本來就容不下這麼多家日晚報。《蘋果》編採人員自我定位為「劫富濟貧，立場偏向中下階層」的報紙，這種態度雖值得鼓掌，問題在於世界上任何民主國家雖無階級，仍有階層之別。這與封建制度或資本主義無關，而繫於教育水準與對國家社會關心的程度。所以每個成熟的民主社會，都有不同的報紙專為不同階層讀者服務。

世界第一大都市裡，《紐約時報》日銷只幾十萬份，遠不及兩百多萬份的《紐約日報》，卻無損於它舉世無匹的聲望與地位。在英國，倫敦《泰晤士報》或《衛報》日銷數比不上《太陽報》，同樣不曾令人低估前二者對英國與世界的影響力。澳洲出身的媒體大亨梅鐸把《泰晤士報》與《太陽報》兩家都買下來，並非和自己過不去，正是因為他懂得兩家報的讀者群迥然不同之故。

台灣幾十年來成長太快，社會仍未定型，中下階層人數多，這是對《蘋果》有利之處。但如果各報都去學《蘋果》的作風，用誇張手法處理新聞，再重要的國內外大事也簡化到只剩寥寥幾百字，雖然圖片豐富，彩色鮮豔，卻不再有詳細分析報導或認真討論檢索，即使人手一份，久遠而言，對國家社會都會是無可彌補的損失。

但他們處理突發新聞之迅速、資料圖表之精緻、以及版面之活潑易讀，對所有同業都有啟發挑戰的效用。它能撥出寶貴篇幅，刊載前一天報上的錯誤與讀者坦率的評論，有似外國報紙設立督察人的制度，尤其可喜。

「報紙雜誌化」這條路不是不該走，但歸根究柢，不能因而拋棄報紙最重要的職責，那就是完整地、有系統地、有責任感地、更要不譁眾取寵地，從各方面報導新聞，鞭策社會與政府。不論這次報業大地震的結局如何，《蘋果日報》登陸成功，是台灣社會進步的另一項里程碑。原在台灣的報紙會歡迎新來的競爭夥伴，卻不必東施效顰，走同樣狹窄的路線。

五五、以巴「和平路徑圖」 巴人接受否？

（原刊九十二年五月二日《聯合報》）

美國、歐盟、聯合國、俄國「四方面」訂下三年計畫

美國國務院四月卅日正式公布的描繪解決以巴爭執的三年計畫，除替政治大辭典又增添 The Road Map 一個新字外，也在國際關係史上開創新頁，這是世界上頭等的大事，也是近幾年來最重要的一份外交文件。

首先，這是美國首次接納盟邦尤其是英國的意見，採取較前平衡的態度，認真尋求中東這座火藥庫的永久和平。國務院發表分為三期執行的詳細計畫裡，明白規定以軍最後必須退出一九六七年以後佔領的地區，讓巴勒斯坦人在約旦河西岸與加薩走廊建立一個獨立主權的國家。美國固然曾說過類似的話，但都是含含糊糊，模稜兩可，從無此次這樣斬釘截鐵，訂下執行期限。

其次，這個計畫由「四方面」主持，因此又創出個新字義quartet，意指美國、歐盟、聯合國、與俄國。歐盟並非一個國家，所以只能算一個「方面」。歐洲至今還沒有一個太上政府；歐盟理事會只有一位外交專員，稱為commissioner。這次因執行對以、巴的共同政策，居然參加成為四方面主持人之一。不但使歐洲統合跨進一大步，在外交史上也值得大書特書。

第三，阿拉伯各國一致反對以色列對巴勒斯坦的佔領與壓迫，阿拉伯聯盟在貝魯特召開高峰會議時，沙烏地王儲阿不都拉提出構想，要以色列退出佔領區，換取阿拉伯國家承認以色列的存在。美國的「路徑圖」以此為目標，不但替親美的沙烏地等國做足面子，還可能化解阿拉伯各國對美國攻伊的不滿。

第四，聯合國安理會拒絕支持美、英聯軍攻打伊拉克，現在又為聯合國武檢人員能否返伊工作，與石油換糧食案到六月初可否延期，與美國相持不下。「路徑圖」正好作為收場，雙方都找到台階可下，使世界上其他依賴聯合國保證安全的小國家鬆一口氣。

第五，對夏隆政府而言，這雖是帖很難下嚥的苦藥，卻也不得不接受。「路徑圖」裡寫得明明白白，以色列須立即凍結在巴勒斯坦各地新設移民區，並與巴勒斯坦當局在安全事務上充分合作。為防阻雙方心口不一，在「四方面」之下將設立一個安全事務監督委員會，委員會將派員實地觀察反恐與安全事務。以色列軍隊須從佔領區逐步撤離，先回到二〇〇〇年九月廿八日以前的位置，最後完全撤離巴勒斯坦。

第六，美國對以色列唯一的讓步，是逼使阿拉法特交出權力，讓由巴勒斯坦議會新任命的阿巴斯總理掌握大權。所以阿巴斯剛剛就任，華府立即公布了「路徑圖」。

有了這張和平之路的圖樣，以巴間真能從此和平相處嗎？恐怕沒那麼容易。最困難的問題，是如何阻止接連不斷的自殺炸彈攻擊。這些與猶太人有血海深仇的巴勒斯坦難民，前仆後繼地視死如歸，實際結果卻適得其反。以色列以反恐為藉口，每次發生炸彈案，徒然招來更多以色列佔領軍。過去阿拉伯各國，尤其伊拉克，對這種捐軀烈士立即致贈鉅款，使他們家人無生活顧慮。以色列的對策，則是查出自殺者的身分後，先派兵把他家裡房子拆光，讓遺屬無家可歸。這樣的冤冤相報，只會永無止境。「路徑圖」一方面要求新的巴勒斯坦政府嚴格制止恐怖行為，一面也呼籲所有阿拉伯國家停止鼓勵製造烈士。美國與其它三方面能否成功地導致以巴和解，促成中東和平，還要看巴勒斯坦人肯不肯接受「路徑圖」而定。

五六、新聞局裁撤 今昔大不同

（原刊九十二年四月廿一日《聯合報》）

輕易對外發言 可曾想過局內外七百餘工作人員的士氣？

如果新聞局真被扁政府裁撤，將是五十六年來的第二次。民國三十六年四月十七日新聞局成立時，我在南京《大剛報》跑行政院消息，有幸參加局長董顯光的首次記者會。兩年後恰巧也在四月，政府已遷至廣州，因緊縮編制，新聞局被裁撤。來台後第二年，先設立政府發言人辦公室，直到四十年元旦才正式恢復新聞局，這段歷史今天已經沒有幾個人記得了。

民國三十八年裁撤新聞局時，兵荒馬亂，無從講究法律基礎，而台灣今天情勢全然不同。陳總統至少說出如果能掌握國會過半數席次，他想廢掉新聞局；究竟是學法律的，懂得依法行事的最基本道理。

但游院長隨即聲稱這是府院黨的既定政策，彷彿一切都已決定了的模樣。假若立法院不先廢止「新聞局組織法」，對行政院下的一個正式機構，院長能說裁就裁嗎？這種說詞，若不是院長對政府改造必須通過的法律程序認識不清；就是自覺行政權超越其它四權之上，可以為所欲為。我寧可相信這是前者，而非後者。

無論從什麼角度去看，葉國興先生擔任新聞局長，既無專業訓練或智識，也缺少媒體工作經驗；他就任後推動的幾項計畫，混淆了政府與媒體間不可逾越的界限，甚至處處違反民進黨藉以起家的新聞自由原則。他唯一的長處，是台獨黨性堅強，有點草根性，所以才會說「越逼我下台，我越快樂」，乃至新聞局如被裁撤，是他「夢寐以求」的事；甚至還公開比出「槍斃」媒體的所謂「玩笑」的手勢。恐怕游院長也是欣賞他這種天不怕地不怕的性格，才如此另眼相看，力挺到底。

但政府的日常運作總要像個樣子，不能讓行政單位首長都像葉局長一般，獨出心裁地天天搞花樣，弄得總統府與行政院手忙腳亂地整天替他滅火。我要借報紙一角請教游院長和葉局長的，是他們輕易地對外放言決定裁撤之際，曾否考慮過全局內外七百餘位工作人員的士氣問題？

三十八年新聞局首次被裁撤時，原有海外的紐約、倫敦、東京等幾個辦事處，薪水積欠半年，許多人被迫離去。像紐約的高克毅（筆名喬志高）改投美國之音，退休後還主編《譯叢》，這樣的人才流失掉，對國家的損失不言可喻。早年我曾試勸他回來接紐約新聞處主任一職，高克毅回答說：「不是我離開了新聞局，是新聞局離開了我。」今日在台灣，欠薪的問題自然不會發生，但因此招致七百多位為國奉獻已久的公務員心理上的不平衡，與完全不受重視的感覺，會造成更嚴重的效果，並非把駐外單位改隸外交部，就能輕易解決的。

民進黨既然執政，有權利找自己人主持行政院一級單位，但仍需考慮人選是否適才適所，能否帶領同仁為國家打拚，而非將力量自相抵消。週來事情的發展至少證明了一點，像黑旋風李逵那樣個性的人，與新聞局長的職位實在不甚相配！

五七、美式民主　能在沙漠開花嗎？

（原刊九十二年四月十四日《聯合報》）

底線在哪？連親美的沙烏地等國也疑懼萬分

在台灣看海珊垮台之迅速，只是看熱鬧而已。對世居中東的阿拉伯人而言，這卻是震撼人心的世紀變革。今後情勢如何發展，對他們以及後代子孫都有決定性的影響。難怪從沙烏地到埃及，從敘利亞到利比亞，不論與美國關係親密，或是視華府為仇讎的國家，卻都出奇地保持緘默。

這正是阿拉伯民族，或更準確點說，伊斯蘭世界的悲哀。美英聯軍只費三星期，以一百多名官兵陣亡的代價，拿下油藏僅次於沙烏地的伊拉克。使周遭國家不寒而慄的，除美國強大軍威之外，更讓人莫測高深的是：布希葫蘆裡究竟藏著什麼錦囊妙計？要把中東地區「民主化」的底線究竟在哪裡？

感受威脅最大的，自然是一向激烈反美的那些伊斯蘭國家。倫斯斐已經公開指責敘利亞一面秘密接濟伊拉克，一面又聽任海珊餘孽逃往大馬士革避難。伊朗從一九七九年柯梅尼宗教革命，德黑蘭群眾佔領美使館時起，已是美國在中東的頭號假想敵。首次波灣戰爭時，老布希不肯揮軍直入巴格達，就為了要留下海珊，讓他去牽制伊朗，才留下這次的禍根。至於北非的利比亞，更位居「流氓國家」之首。料想這些國家今後更將食不知味，寢不安枕。

弔詭的是一向被看作美國盟邦的沙烏地、阿拉伯聯合大公國，乃至約旦、阿曼、卡達、巴林等國，這次受制於各國國內一面倒支持海珊的泛阿拉伯情緒，再加上各國統治王室對美國大戰略的猜疑畏懼，不但在聯合國辯論時三緘其口，開戰以來也從未發表過支持美國的言論。只有科威特，上次受到聯軍幫它驅走海珊，恢復獨立之恩，這次義無反顧地把全國領土提供給聯軍作為基地及補給站，是唯一的例外。

沙烏地等國為何不信任美國了呢？毛病出在國防部副部長伍夫維茲十一年前起草的一份「國防計畫指導原則」。布希當選後，受九一一事件刺激，去年九月把它略加修正，作為「美國國家安全戰略」。這份經白宮正式公布的官方文件也就是一般所謂的「小布希主義」，內容除倡議「先行攻擊」與「單邊行動」外，它甚至主張美國應致力於「民主化」，從基本面改善整體情勢，把中東帶入廿一世紀。

這樣大膽的想法，自然引起原本親美國家的不滿。它們絕大多數都由王室掌握絕對權力。即使名義上是共和國的埃及，仍處於威權統治下，離真正民主尚遠。他們過去藉投靠美國，抵抗伊朗所代表的基本教義派對他們統治地位的威脅；現在卻必須倒過來力求自保。因此對美國透露出來的訊息，要使伊拉克變天後，在軍事託管下培養出來的美式民主開花結果，促使整個中東脫離舊式的極權統治，疑懼萬分。

這場幕後的拔河賽，永遠不會在幕前上演，卻值得有心人注意。人人都聽說過杭廷頓那本名著《文明的衝突》；不知道那只是書名的前半，此書全名其實是《文明的衝突與世界秩序的重整》。美國真不怕與伊斯蘭文明衝突嗎？又真能改變中東千餘年來的政治面貌嗎？我們且拭目以待。

五八、中國崩潰？中華聯邦？不如買樂透！

（原刊九十二年四月八日《聯合報》）

大前研一與章家敦兩人在「探索中國．前瞻台灣」的產經論壇上演講，盛況空前，吸引了許多人注意。所有人都同意這兩人事實上代表了兩個極端看法，而真理應該在兩者之間的某處，但似乎少有人從實務觀點來評估兩人的主張。

倫敦《金融時報》稱大前為企業管理界的「策略先生」有些過當；他其實是個「未來學家」。十幾年來，這門新學問頗為吃香，大前出過一百多本書，真可謂著作等身；既以預言未來為號召，難免在引用數據與說理時帶點選擇性，對適合他推理的現象略予誇張，而忽視與他理論不符的現實。他預測在二〇〇五年，或最遲二〇〇八年兩岸就可能成立「中華聯邦」，便是一例。他雖是企業管理專家，對兩岸問題了解卻不夠深刻。陳水扁總統與宋楚瑜主席兩位都已經講話，認為他的預測無實現可能。這是現實問題，無須辭費。

雖然如此，大前整整兩小時的演講，仍有他吸引人之處。他從人口數、國民所得總額、與個人所得分別舉出東亞前十五名地區，其中「中華聯邦」就佔了九個。他指出大陸去年吸收的國外直接投資首次超逾美國，成為「世界的工廠」，因而大陸的國際貿易已有一半操在與外資有關的公司手中。他強調大陸發展過程中不可抗拒的「都市化」趨勢。尤其他說南韓工商界致力經營以大連至青島為軸心的黃海「自由貿易區」，對台灣業者應該有發人深省的作用。

章家敦是康乃爾的法學博士。他所屬的律師事務所 Paul, Weiss, Rifkind, Wharton & Garrison 在台灣雖知曉者不多，卻是世界第一流國際性的「律師樓」。除紐約總部外，在華府、倫敦、巴黎、東京、北京與香港都有分所，麾下律師總數達五百名之多。多年前我因緣際會，曾和它的主要人物打過交道，常常出入他們位居公園大道的豪華辦公室；因此相信章博士若無真才實學，不可能被派到香港、上海與北京，工作十幾年之久。從他著作細節與那天演講答問時的從容態度判斷，他對中共政權黑暗面的親身體認，遠超過大前研一浮光掠影式，近於一廂情願的觀察。

大前這次來台，不見政府有任何禮遇；相反地，章家敦卻蒙陳總統與李前總統分別接見，大概是英雄所見略同之故吧。

章家敦駁斥大前的基本理論是正確的：台灣正處於經濟轉型期中，那些勞力密集、高汙染、低附加價值的產業本就難以生存，讓它們遷往大陸好了。台灣應該學美國的榜樣，專心轉化成服務型的知識經濟，在「價值鎖鏈」中更上層樓。他所舉四項認為「中華聯邦」不可能成功的理由中，著墨最多，所舉例證也最詳細的第四點「中共政權正面對政治與經濟崩潰的危機」，反而最缺乏說服力。

他對大陸實況了解之深，用功之勤，從所舉數據可見。大陸不思改革體制，一味盲目追求經濟發展的結果：百分之八十八的工業已經產量過剩；近五年國家預算赤字平均達百分之廿七；銀行體系呆帳總計七千二百億美元；如把銀行呆帳與退休準備的大窟窿都算進去，總負債將達全年國民總所得的百分之二百七十。他認為江澤民的「三個代表」難以挽救中共即將面臨的危機，也不看好剛登台的第四代領袖，判斷胡錦濤與溫家寶無力清理這個「中國有史以來最貪汙」的政府。

我從未研究過現代史上各國政權解體的前例，但回想起來，被經濟拖垮的例子雖多，卻都有外在的因素存在。我們都親身經歷過一九四九年大陸的慘敗，雖說金圓券使國民黨失盡民心，但國共內戰仍然是最主要的原因。若僅經濟危機能拖垮一個政府，今天豈止阿根廷早該亡國，非洲與拉丁美洲一半以上的政府恐怕都早就被輪替掉了。

北京今天所憑藉的，不是「有中國特色的社會主義市場經濟」，而是六千五百萬共產黨員作為既得利益階層的組織系統，與緊緊抓住槍桿的二百萬人民解放軍。我無法同意大前研一透過玫瑰色眼鏡的樂觀看法，認為中國會分裂成好幾塊，而台灣可從中撿便宜。各地方擁兵自重的條件早已不存在了，何況今日交通通訊如此便利，省界已失去意義。只看這次中共十六大之前，各省黨委書記與省長，乃至中央部會首長調動了一大半，可見「中華聯邦」根本絕無可能實現。

正因同樣理由，我也不同意章家敦戴了太陽眼鏡看到的未來。大陸固然面對種種困難，他指出的基本結構與發展方向等問題也難以解決；但稍有頭腦的人都懂得，寧可高估對手，不可輕信宿命；與其痴痴地等候「中國崩潰論」兌現，不如去買張樂透彩券，希望還大一些。

五九、國民黨與連主席　向前主席說拜拜

（原刊九十二年三月卅一日《聯合報》）

國父紀念館昨天上午沸騰的人氣，給參與的國民黨員印象最深刻的，不是滿場揮舞的旗幟，不是青年黨員的熱情歌舞，更不是鉅細靡遺的大會資料彙編。我問許多朋友，大家都說，真正難忘的是連戰主席一氣呵成，完全未看原稿，到下午才印發出來的演說。

在那篇題為「活力台灣希望未來」的講稿裡，連戰終於擺脫了十幾年來籠罩著國民黨與他個人揮之不去的陰影。這篇四千字講稿的坦率誠懇，無人可以置疑。尤其當他說「過去有再多輝煌的建設，都不足以掩飾曾經腐化的事實」時，反應最為熱烈。他檢討國民黨失敗的原因，在於公義、理念與組織的斷層，而其原因總結一句話，沒有別的，就是黑金的腐蝕，也獲得了如雷掌聲。

所有聽到連戰這番話的人，立刻會聯想到近月以來，偵辦新瑞都案檢調單位發現劉泰英私帳與磁碟資料，直接將箭頭指向前總統兼國民黨主席李登輝身邊人的事實。李登

輝對台聯黨容或還有影響力，在國民黨內卻早已無人理睬。

以連戰為人之敦厚，大家都能了解他不會在公開場合批評李前主席個人的原因。正因為如此，如果仔細推敲他那篇以「中國國民黨的莊嚴承諾」為副題的演說，除表現與民進黨截然不同的政策與理念外，處處都找得到與李登輝執政時代完全相反的政綱。從憲政體制、經濟與失業、貧富差距、兩岸關係到教育文化，無不與「李登輝路線」南轅北轍。新聞媒體也許會抓住他如果當選，會即往大陸訪問，展開「和平之旅」的願景，作為頭條標題。但從務實觀點出發，我覺得更有意義的是他對九二共識的堅持，與兩岸直航的承諾。不要把這些看作小事，恐怕最能引起李登輝暴跳如雷的，正是任何與台獨基本教義相反的舉措。

承認九二共識或推動直航，不會損害台灣權益。連戰昨天坦言要破除兩岸與族群的挑撥，不畏汙蔑與抹黑。國民黨執政五十幾年，與大陸共產集權制度鬥爭了這麼久，並未把台灣賣掉，至今仍堅持對等政治實體原則，反對「一國兩制」。但等選舉迫近，我幾乎敢斷定，泛綠陣營與它的這位教父，一定又會顛倒黑白，指責國民黨「聯共賣台」。

我個人常以在李登輝當政十二年中，在海外服務公職，竟然毫未察覺他正在把國家導上危險的路上，引以自疚。最近才想通了，和我一樣情形的有成千上萬的公務員，我們都誤以為他既是國民黨主席，總不致要置中華民國於死地。從經國先生逝世起，先有國統綱領與國統會，歷經兩次辜汪會晤，到康乃爾大學之旅，很多人都沒看出來他的真面目。直到「兩國論」出籠，與三年前的總統選舉，才覺悟到李前總統城府之深，用心之苦與手段之高。豈但我被騙了，國民黨上百萬黨員，千百位黨政幹部，都被他騙了。

受騙最深的，無疑是連戰主席，但他礙於君子風度，而且國民黨黨史對這個問題至今尚無交代，不便啟齒。國民黨與連主席昨天終於走出了李登輝的陰影，從此與這位前主席一刀兩斷，你走你的獨木橋，我走我的陽關道，才是國家人民之福。

六十、伊拉克把化武藏在哪裡？

（原刊九十二年三月廿四日《聯合晚報》）

美軍攻伊已經第五天了。戰場上進展雖不算太慢，相對於各地反戰示威活動有增無減而言，難免使白宮感覺煩躁不安。布希總統上週末在廣播演說裡警告美國人民，這場仗可能比預計更曠日持久。話雖然說在前頭，美國人沒有耐性是出了名的，如果拖上三、五個月，反戰聲浪說不定會壓倒支持的聲音。到時仗雖然打贏了，布希卻可能輸掉明年尋求連任的選舉。

美伊之戰成敗關鍵不在於美軍能否拿下巴格達；我想短則幾天，多不過兩、三星期，應可做到。到時海珊究竟會學希特勒般寧死不屈，或選擇流亡他鄉，都有可能。但歷史對布希總統貿然出兵的判決，將繫於另外一件事實上——海珊究竟有無私藏大規模殺傷性武器，尤其是生物戰與化學戰武器呢？

美國不顧安理會多數會員國反對，逕自對伊開戰，最大的理由就是伊拉克從一九九一年首次波斯灣戰爭後，始終未遵行安理會第六七八號、六八七號與一四四一號決議案，從實招認秘密製造及儲藏大規模殺傷性武器的情形，或提出已予銷毀的證據。國際原子能總署長雖然說在伊拉克找不到任何核子武器，聯合國武檢團長卻證實在生物與化學武器兩方面，伊拉克確實不夠合作。伊拉克一九九一年還有一萬公升的炭疽病菌、大量的VX與其它毒氣，始終未交代清楚。

美軍控制伊拉克全境後，必須從伊拉克舊政府高官、特種部隊將領或參與機密的科學家口中，追查出海珊製造生化武器的經過詳情，才能為這次用兵找到最有力的理由，使目前批評美國肆意妄為，藐視國際法與聯合國機制的人啞口無言。

六一、政令宣導　不該使用廣告手段

（原刊九十二年三月十七日《聯合報》）

沒有任何先進民主國家容許政府在國內大做廣告
為自己塗脂抹粉　誤導民意

如果連無給職的無任所大使也算在內，我四十三年餘公務員生涯中，服務於新聞局與其駐外單位佔了二十五年，對新聞局既有一份特殊感情，更多一份關切。扁政府執政以來，眼看在行政院研考會堅決主張下，新聞局將被裁撤，所屬單位併入其它機關的命運已不可避免，本已懶得再開口。但最近一連串事件，又迫使我不得不學聒噪的烏鴉，說些當權者不喜歡聽的閒話。

首先，當然是行政院計畫以統購媒體廣告方式，發包政府各機關編列的廣告預算一事。新聞局長葉國興說：「政令宣導並不羞恥」。話雖沒錯，但遮掩不了明年總統選舉前夕，政府勢必會用這筆龐大預算，作為收買經營發生困難媒體的手段，從而影響公平選舉的企圖。

政令宣導有各種方法可用，唯獨不該使用廣告手段。民主真諦原在於人民是國家主人，而政府只是公僕。媒體應該替人民監督政府，報導施政得失，供人民作判斷的根據，這才符合民主制衡的原則。世上沒有任何一個先進民主國家，容許政府在國內大做廣告，為自己塗脂抹粉，誤導民意。所以美國一九五三年在艾森豪總統任內，設置美國新聞總署時，法律特別規定美新總署只能作國際宣傳，不得在國內散發任何資料，便是最明顯的前例。

我記得一九六三年甘迺迪總統被刺，舉國哀悼，美新總署製作了一部紀錄片，題目彷彿叫"Days of Mourning, Hours of Drum"，看過的人連我在內都深受感動。大家都覺得美國民眾應該也有權利觀賞，但限於法律無法做到。最後由國會兩院特別通過一項法案，容許那部紀錄片在美放映，但下不為例。這件事令我感受到美國朝野對於民主基本原則的認識與堅持，所以印象特別深刻。美新總署一九九九年雖已併入國務院，作為這項規定法源的一九六一年 Fulbright-Hays 法案依然有效，無人敢予違背。

與其和葉局長吵這場說不清的架，立法委員們不如從修法基本面著手，用法律規定各政府機關均不得以政令宣導為詞，在任何平面或電子媒體做廣告，以保證新聞事業的獨立性。至於其它宣導方法，如路邊廣告牌、機場彩色照片、街頭招貼、出版書刊、演講辯論、乃至到里民大會報告等等，則不在禁止之列。這樣明確劃分政府與新聞事業的分野，才能使台灣真正達到民主自由的理想。

我另一項憂慮，是新聞局趁民意代表與媒體不注意時，早已默默在執行台獨基本教義派的「正名」主張了。新聞局出版了五十年的《自由中國評論》月刊與《自由中國週報》，前年起改為《台北評論》與《台北週報》，還可解釋為避免刺激中共的措施。但今年三月起，《台北評論》偷偷地變成《台灣評論》了。至於《台北週報》則似乎更早就「正名」了。

我不認識葉局長，不了解他過去與新聞事業有無淵源，只聽說他曾任國家安全會議的諮詢委員。據說新聞局組織將大事更張，原有派駐世界各國的五十六個單位，預定將裁撤一部份以節省經費。這些駐外單位原由國際新聞處督導考核，但現在這些法定業務卻移歸聯絡室掌管了。國際新聞處原設五科，分別主管北美、中南美、歐非、亞太中東、與綜合專案；現在卻改成了情蒐一科、情蒐二科、宣導一科、與宣導二科。且不提這樣做法與新聞局組織法有無牴觸，我實在不懂新任局長何以把「情蒐」看得如此重要？蒐集來的各國輿情又作何用？把蒐集資料與督導駐外單位分交兩個單位辦理，權責難分，符合行政學原理嗎？難道在行政院底下，還需要一個類似國家安全局的單位，替院長蒐集分析資料嗎？

民主的原則就在政治透明化，最不該做的就是政府對自己的民眾做宣傳。早在民國六十四年一月，時任行政院長的蔣經國就指示新聞局對外應該誠實地說明國家真相，儘量避免使用「宣傳」一詞。所以從那時以後都叫作新聞文化工作；「國內宣傳處」與「國際宣傳處」也改稱國內新聞處與國際新聞處。

新聞局該做的是向世界各國報導中華民國存在的事實，而非僅在外蒐集情資；那應該是外交部駐外館處的事，作為了解各國政情，制訂外交政策的根據。新聞局該做的是國際新聞工作，而非向國內民眾宣傳政府如何有績效。政府好不好，媒體自會報導，民眾自有判斷，不勞新聞局去向他們「宣導」。施政成績如果糟糕，再宣導也不會有效果。

六二、中共這一票的價格　恐駭人聽聞

（原刊九十二年二月廿六日《聯合報》）

聯合國安理會　美英對法德「世紀大對決」即將上映

三星期前，二月五日晚台北時間午夜以後，台灣仍坐在電視機前觀看聯合國安理會開會情況的人，對唐家璇那次的表現，恐怕失望遠多於讚賞。那篇在美國鮑爾國務卿長篇大論、使用空中攝影與竊聽記錄指控伊拉克仍在發展核生化武器的演講後，各國外交部長中第一位發言的常任理事國代表，短短幾百字的五點聲明竟全是八股式的老生常談，沒有一句話照應到鮑爾的演說內容，立場依違兩可，對各方都不得罪。這樣重要的場合，表現如此窩囊，我想很多人都和我一樣搖頭嘆息，覺得這樣的外交部長實在太差勁了。

大陸外交部平時還算有點效率，當天發生的大事通常立即上網供查。這條新聞卻壓了五天才在網站出現，而且鬧了個笑話：二月份安理會主席由德國輪值，取代一月份的法國。北京外交部所發唐家璇演講全文新聞稿的第一句話竟然是：「我首先祝賀法國擔任安理會本月份輪值主席」，可見發稿前無人看過一遍，這個錯誤至今還沒有改正。

但是前天鮑爾國務卿不遠千里，又趕去北京訪問。他見了江澤民、胡錦濤與唐家璇，只想談伊拉克與北韓，但北京卻不斷強調台灣才是兩國關係的「核心問題」。雙方討價還價雖未成功，壓力已極明顯。臨別記者會上，鮑爾不得不第三次重申美國堅持「一個中國」的立場；而且回應江澤民「四項經驗」，答應恪守三個聯合公報。

這些天來，平心靜氣地評估中共此次在安理會拉鋸戰中左右逢源的手法，我不得不收回成見，給它打個九十分。理由很簡單，外交部長的素質如何是一回事，國力是否強大卻是另一回事，兩者間並無直接或絕對的關連。弱國辦外交，有人才也不一定有把握。強國辦外交，只要決策方向正確，人才差一點也不要緊。中共憑藉安理會五強之一的身價，兩個多月來不動聲色，任令各方使盡招數去爭取它那一票，那種你急我不急，不慍不火的態度，令人不得不服氣。

五個常任理事國中，反對美國立即出兵最力的自然是法國。席哈克總統其實有點色厲內荏，早在一月初就派外長維拉潘去北京遊說；他剛見過江澤民，鮑爾立即打電話給唐家璇；第二天，布希總統也打電話給江澤民。安理會幾次關鍵性會議之前，一月廿六日、二月七日與十一日，席哈克總統都曾親自打電話給江澤民，爭取中共支持，江也樂得口惠而實不至地，和他敷衍一番。每次發生這種「元首外交」，美國負責全球竊聽工作的國家安全局自然立即報告白宮。於是二月七日晚間，布希總統也親自打電話給江澤民。北京外交部發表的新聞稿裡，把那天法、美兩國總統來電話的時間特別註明，巴黎來的電話是下午，而華府來的電話則在晚間；明明在鼓勵兩國「競標」，有識者讀後，難免會心一笑。

除法國外，俄羅斯也拚命想拉大陸和它站在一條陣線上。普丁總統去年十一月底先在「上海公報集團」高峰會和江澤民共同亮相；十二月初轉往北京，和江又發表聯合聲明。俄外長伊凡諾夫與唐家璇往來更是頻繁。但中共深知如與莫斯科關係過分密切，會引起華府猜忌，對俄國總是若即若離，似迎還拒。普丁打來的電話，恐怕不會比法國少；然而對外是否發布，就全由北京決定。前兩天章啟月還透露，二月十九日，普丁還有過電話給江澤民。但俄國本身經濟衰退，對美國經援的依賴，比大陸更深，中共對這點了解得比誰都清楚。

美國自然不肯放鬆：去年十二月已經派副國務卿阿米塔吉去大陸訪問過；一月中旬，主管遠東事務助理國務卿凱利再去北京。鮑爾國務卿本人，最近一月中與唐家璇雖已在紐約見過三次面，這次仍要僕僕風塵地再趕去大陸。雖說北韓揚言重整核武也是一項重要議題，就美國當前優先次序而言，總不如伊拉克緊急。本星期一，美、英兩國的新提案已經送到安理會，從辯論到投票，最多兩星期可見分曉。中共究將反對或棄權，水漲船高，這一票的價格恐將駭人聽聞。台灣會不會變成別人的交換籌碼，到時就會水落石出。

大陸對兩方面都不得罪，待價而沽的騎牆法，不但面子十足，也獲得了實際利益。二月十八、十九兩天，中美雙方跨部會代表團在北京舉行「第三次反恐磋商」與「第二次反恐金融工作小組磋商」。照北京發表的消息，兩國在此次會議中「深入交換看法，廣泛達成共識」，非常「有助於國際反恐活動和雙邊關係的發展」。決議之一是把新疆幾個搞獨立的團體都列入國務院的全球恐怖組織名單中，斷絕了它們本來就微不足道的經濟來源。但這只是小事一樁，無足掛齒。如果要北京支持美國動武，恐非停止或減低對台軍售莫辦。即使僅僅要它棄權，美國也得做很大的讓步。

美國對伊動武已經不可避免了。安理會裡美、英對法、德的「世紀大對決」即將上映，誰輸誰贏，勢將影響「全球一盤棋」，我只希望台灣不致變成一顆棋子。

六三、美伊開戰日　不會拖太久

（原刊九十二年二月廿二日《聯合報》）

國際仍需一位「老大」維持最低限度秩序　聯合國安理會仍會勉強同意

世上任何事情的發展，往往與人們預料的不盡相同。從去年十一月聯合國安理會通過第一四四一號決議案起，大家都以為美國攻伊戰爭已如箭在弦上。但上週末布列克斯在安理會好似有改口模樣，加上全球反戰示威，使大家目瞪口呆。支持美國立場最力的布萊爾首相嘴頭雖仍強硬，已漸不支。在這樁舉世關注的豪賭裡，美國似乎越來越孤立。布希總統真會不顧輿情反應，下令出兵嗎？我想不但可能性仍大，而且拖不了太久。

安理會無止無休的辯論，意外地扯出傳統歐洲與美國之間糾纏已兩三百年的心結。北大西洋公約原是防堵前蘇聯的集體安全組織。蘇聯垮台十幾年了，北約已無假想敵，卻成為原屬華沙公約那些東歐國家的護身符。另一方面，歐盟經濟逐漸統合後，原為世仇的法德兩國，忽然發現彼此竟可聯合起來，在歐洲大陸起帶頭作用。施洛德總理去年底為競選連任，言辭傷透了華府的心，美國今後對德不會再假以辭色。席哈克總統則繼續拿破崙到戴高樂的傳統，總要與英美有點不一樣，才能表示法國的尊嚴。這兩國只能在安理會阻撓一時，等面臨攤牌的時候，法國恐怕投不下否決票，而和德國同樣以棄權向國內交代。

兩週來，美國參眾兩院議員對法德兩國的遲疑反對，早有煩言。國防部長倫斯斐用「舊歐洲」一詞形容法德兩國，喚起許多人對兩次世界大戰的回憶，也激起了傳統孤立主義者的情緒。回顧阿富汗戰役，這兩國究竟出了多少力，美國心知肚明。何況北約廿九國中，已有義大利、西班牙、丹麥、波蘭、匈牙利、捷克等九個國家，紛紛選擇靠美國那邊站，而且出資在歐洲各大報紙刊登廣告，稱讚山姆大叔急公好義為世界除害的精神。不要看與伊拉克緊鄰，一旦開戰時美國真正需要它們幫助的國家，如土耳其、沙烏地阿拉伯等，還在忸怩作態，不肯鬆口。等真打起來，它們除開放領土和領空，讓美國陸空軍借道攻伊外，沒有其他的選擇。至於包含廿二個國家的阿拉伯聯盟，向來流於空談，從未有過團結一致的行動；為首的埃及倚賴美援度日，對美國更起不了任何牽制作用。

猜測美國對伊拉克是否玩真的，也可用逆向思考去判斷。退一萬步而言，假使美國屈從於世界反戰輿論的壓力，或者被志願到巴格達以肉身抵擋飛彈的「人盾」嚇住了，真的懸崖勒馬，聽任法、德、俄幾國繼續與海珊去玩捉迷藏的遊戲，後果會如何呢？

首先，受創最大的將是聯合國安理會肩負的維護世界和平的機制。聯合國勢必走上國際聯盟逐漸衰落的舊路。北韓會更加無法無天，不聽北京或莫斯科的勸告，肆意發展核武。海珊明知歐洲國家不會去攻打他，志得意滿之餘，難免試圖挑起伊斯蘭教國家對猶太復國主義的聖戰，重新點燃中東那座火藥庫。說不定賓拉登也會來湊一腳熱鬧，再次起兵為阿富汗恢復神學士政權。文明衝突的惡夢，不須幾年就可能變成事實。

美國倚仗兩洋天險，孤立主義傾向原本就很強烈。在安理會陽溝裡翻船之後，南方民主黨勢力與新保守主義者心灰意懶之餘，難免重彈獨善其身的舊調。美國固然不致立即退出聯合國，但國會肯定將在撥款繳納美國所負擔高達聯合國總預算百分之廿五的會費時，多方挑剔，橫加許多辦不到的條件。美國積欠聯合國本已達幾億美元；再這樣下去，不消幾年功夫，就會讓這個龐大的國際官僚體系窮得發不出薪水，垮在經費困難而非國際政治上了。

世界大同只是一個理想，人類歷史裡卻充滿了弱肉強食、戰爭與苦難。一個社區裡公權力不足時，常有流氓老大因為拳頭大胳膊粗，受人敬畏，有時也會做些排難解紛的事。今天的聯合國，就像是個無力執行法律的政府，而國際社會正需要一位「老大」來維持最低限度的秩序，讓大多數人能安居樂業。美國雖有一萬樁不是，過分縱容以色列只是其中一樁而已，但從它稱霸至今這幾十年裡，既未魚肉鄉鄰，也不曾姦淫擄掠。如果把美國氣跑了，誰能取而代之呢？

因此我才敢判斷，不消幾星期後，美國仍會出兵攻打伊拉克，安理會雖不會全票支持，就聯合國整體而言，仍然會勉強同意。

六四、攻打伊拉克　美國大兵不用流血

（原刊九十二年一月廿七日《聯合報》）

空戰　讓長眼睛的飛彈負責　陸戰　讓阿拉伯人自相殘殺

安理會今天開會聽取聯合國武檢團的報告，內容不問可知；套句中國官場的成語，「事出有因，查無實據」。海珊早就作好準備，怎會讓人抓到把柄？他肯定警告過參加核生化武器計畫的科學家，不准向武檢人員說實話。而在伊拉克政府提供的一萬多頁資料裡，凡有可能洩密者根本不在名單裡面。茫茫人海，聯合國武檢團上哪裡才能找到他們？

不論幕後有無同情伊拉克的人在策動，歐美各國的和平反戰運動也已開始發酵。它最大的成功是在德國；施洛德總理競選時為爭取綠黨支持，所作批評美國專斷獨行的言論，使他很難再更改立場。面對法、俄、德國乃至中共在安理會聯手反對，布希總統可能後悔兩月前不該聽信鮑爾國務卿的勸告，先外交而後軍事，陷入今天進退兩難的局面。

美國鷹派人士甚至開始追憶一九三五年墨索里尼吞併阿比西尼亞（今衣索比亞）的往事，暗示聯合國如果不採取果斷行動，勢將步國際聯盟後塵，走入歷史。這種言論與國防部長倫斯斐形容法德聯合反對美國出兵為「舊歐洲」的復活，同樣有些欠妥。但從美國立場而言，不肯幫忙還罷了，只會耍嘴皮、猛扯後腿的盟邦，要它們何用？

要了解美國的憤慨，仍須從九一一說起。別國人看恐怖分子那次出人意表的勝利，只是七分驚訝，三分同情。對從未嚐過戰爭滋味的美國人，它卻是切膚之痛，必報之仇。布希出兵打阿富汗，雖然神學士政權罪有應得，也是為了順應民情。但至今仍未俘獲賓拉登與奧瑪總統，對作為舉世超強的美國，實難向老百姓交代。

儘管兩週前曾有幾萬人在華府遊行反戰，美國過半數人民仍然支持布希出兵攻打伊拉克。兩月餘來，美國空前軍力集結波斯灣，甚至包民航機運送補給，騎虎難下之勢已成。到圖窮匕見之時，俄國和中共還可能轉反對為支持。替美國想想，如果被號稱盟邦的法、德等二流強國擋住，不讓山姆叔叔動手，共和黨的布希明年還想不想競選連任了呢？

不管安理會聽取武檢報告後如何決議，美國一意孤行的機率很高。打開天窗說亮話，法、德兩國在阿富汗戰役中，何嘗有什麼貢獻？如今已有英、澳、義、西、乃至剛加入北約的波、匈、捷等國支持，華府可以振振有詞地聲稱，這仍是反恐國家的集體行動。反正戰端開啟後，真正肩負作戰重任的還是美國，英國也只是陪襯，別國更幫不上什麼忙。

美國為何對攻擊伊拉克如此有信心，自然與阿富汗勝利有關。在五角大廈眼裡，伊拉克軍力雖強，但巴格達反而容易攻擊。幾個月來，美國人造衛星早已把伊拉克每寸土地從空中攝影放大存檔，任何軍事設施無所遁形。廿一世紀戰爭的特點是炸彈長了眼睛，飛機不必冒險飛過目標，幾十里外扔下後就可掉頭回基地；真正危險的任務則讓「掠食者」無人飛機去做。一九九一年的波斯灣戰爭與二〇〇一年阿富汗之役，美軍傷亡總數還不及越戰時一個月的損失。美國是募兵制，仗既由職業軍人去打，民間感受與越戰時完全不同，這也是和平分子難挑起反戰熱潮的原因之一。

阿富汗之役，陸上作戰主要靠阿國抵抗神學士政權已久的「北方聯盟」部隊去流血。這點美國也早有布置：伊拉克境內北有庫德族，幾佔全人口五分之一；南有土庫曼與亞述族，則人數只佔百分之五左右。其餘四分之三人口雖然都是阿拉伯人，卻有百分之六十五屬於伊斯蘭教的什葉派，與伊朗大部份人的信仰相同；剩下百分之三十五才是蘇尼派，包括海珊本人與他的支持者。海珊如果垮台，想當總統的人只嫌多不嫌少，但那是將來的事了。

很少人記得，柯林頓總統任內，一九九八年美國國會曾通過「伊拉克解放法案」，撥款九千六百萬美元，交由中央情報局去推翻海珊政權。轉瞬五年，雖然效果不彰，總算把反對海珊的二三十個黨派拉在一起，組織了所謂「伊拉克全國議會（Iraqi National Congress)」，去年底還在歐洲開過一次擴大會議，討論如何組織流亡政府。那次會並無結論是意料中事，但僅就連匈牙利都在訓練三千流亡伊拉克部隊看來，到時美國仍然會重複在阿富汗的戰術，讓伊拉克反海珊分子在陸地上打前鋒。美國只從空中進行閃電戰，一舉摧毀海珊所有的黨政機構與軍事設施，看他還能維持多久！

六五、新春祈願

（原刊九十二年二月六日《聯合報》）

一願兩黨政治政局穩　二願兩岸對等坐下談　三願朝野同心拚經濟

春節期間打開電視，最感到高興的是沒有政客們互相指責攻訐，也少了許多烏煙瘴氣的社會新聞，給人一種難得耳目清亮的感覺。將心比心，料想與我有同感的國人，恐怕不在少數。趁這機會許下三願，盼也能成事實。

第一個願望是連宋會後，兩人聯袂宣布泛藍軍整合成功。不只國民黨與親民黨，連新黨也因深明大義，無條件參加。這並非為統派打氣，我也希望民進黨與台灣團結聯盟能迅速合併為一。台灣要有成熟的民主政治，必須效法英美先例，走上兩黨政治之路，政局才能安定。

朋友們笑我書生氣太重，說儘管連宋兩位主席都了解聯合還有勝利之望，分裂則選舉必輸的道理；怎奈他們周圍的人，誰也不肯放棄卡位的權利，如何能擺得平？我不同意這種悲觀論調。我相信一旦國親新合為一黨，國親兩黨六位副主席與新黨召集人，乃至秘書長副秘書長等高級幹部，都會自動辭卸現職，讓新的臨時全國代表大會重新思考政黨組織，以及決策程序種種問題，拋棄陳舊的觀念，從頭另起爐灶。

我一直都認為，世界已進入廿一世紀了，中央集權的政黨組織形式早就該被揚棄。政黨應該只是選舉機器；選出來的總統與副總統，應該是國家的領袖，而非僅一黨之首。他們應該依照全民利益來制定政策，而非基於一黨之私，只想怎樣做才對他那個黨有利。民進黨以反獨裁、反黑金起家，執政後反而走回頭路，拚死抱住列寧式制度不放。每次選舉中常委，打得頭破血流，其結果是造成陳水扁一人在黨內獨斷獨行。泛藍陣營應以此為鑑，取消中常會，把中委會也變成諮詢而非權力機構，一切以民意為依歸，才能獲得年輕一代的認同。

第二個願望是兩岸不再玩貓捉老鼠的遊戲，開誠布公地坐下來商談。民進黨為保住基本教義派選票，大陸政策只說不練。這一套早被人看穿了，所以春節返鄉包機乘客才如此稀少。整合後的泛藍陣營必須向全國民眾說清楚它的兩岸政策：承認李登輝主政時達成的九二共識，絕不等於接受「一國兩制」，兩者不能混為一談。台海兩岸必須保持對等實體的地位；台灣必須有足夠的自衛武力，這些都是不能退讓的底線。國民黨執政五十幾年，並未把台灣賣掉；過氣政客們永遠別再想給人亂戴「聯共賣台」的紅帽子，欺騙中南部善良的老百姓了。

這幾年大陸建設突飛猛進，自信心大增。我祈望對岸主政者能以更開闊的胸襟，不再咄咄逼人，改從久遠觀點來處理兩岸問題。以「一個中國」的三段論為例，北京當年既已接受「一中各表」，前年起又改口承認大陸和台灣都是中國的一部份，所剩下的只是中國的領土主權不能分割這一點了。主權雖然不能分割，何妨由兩岸共同分享？多給台灣一些國際空間，例如不再反對以「中華台北」名義加入世界衛生組織為觀察員之類，才能慢慢培養互信，改變一般人認為大陸只知拚命打壓台灣的惡劣印象。

第三個願望是朝野同心協力，重振台灣經濟。政府必須體認世界經濟大趨勢是無可抗拒的，繼八吋晶圓廠之後，應該更進一步，准許銀行、保險與旅遊、運輸業者赴大陸開設分支機構，使已經在那裡的台商容易獲得融資與更好的服務，與各國投資者公平競爭。三通雖然並非萬應靈丹，但搶在美國攻打伊拉克之前實施，即使僅全面開放大陸人民來台旅遊，准許兩岸真正直航這兩樁事，都能帶動國內萎靡不振的服務業，從而刺激股市匯市，變成一帖對症良方。經濟繁榮本來就要一點一滴地累積起來，恐怕只有等到今年下半年，當三通成為泛藍陣營的競選號召之後，在選票壓力下，才能逼使民進黨去兌現那張兩年多前開出的舊支票。

不論台聯黨怎樣反對兩岸經濟往來，大陸照這樣迅速發展下去，必定變成世界最大的市場。即使所有台商都從對岸撤資，也改變不了這項趨勢。我期望在羊年中，現政府能撇開意識形態的拘束，換一副眼光看兩岸經濟的互補性，對台灣的企業家與他們的創業精神多一分自信，少一點無效的管制，民間自會善用台灣的優勢，擴充在全球的市場佔有率，一步步推動經濟復興。

不要以為這三個願望太過分了。癸未年才剛開始，只要有足夠的人許下同樣的心願，夢想也可能成真。

六六、英國Chancellor應是名譽校長

（原刊九十二年一月十八日《聯合報》）

日昨媒體報導牛津大學學生票選結果，認為美國前總統柯林頓是擔任校長的最佳人選。英國高等教育制度下，Chancellor一字常被譯為校長，表面上似乎沒錯。但在講究傳統的英國，它實際的意義是名譽校長。真正主管一切事務的反稱為Vice Chancellor，相當於美國大學的President。美國的副校長，在英國變成Deputy Vice Chancellor。名譽校長根本無事可做，每年最多在畢業典禮時到學校露個面而已。柯林頓大學畢業後，獲得羅德斯獎學金，曾到牛津留學兩年。學生們選他為理想的校長人選，恐怕一半是因為他做總統時的緋聞，開個無傷大雅的玩笑；即使當真，也不值得大驚小怪，總比選威廉王子或安妮公主好一點吧。何況這只是意見調查，不能算數，英國也沒有「學生治校」的事，決策權仍然在大學董事會手裡。

這個獎學金是在南非開鑽石礦發財的羅德斯捐錢設立的，目的在鼓勵曾為英國屬地

的各國年輕人，到他母校呼吸一下學術氣氛。此人是十九世紀典型的帝國主義野心家，在他極力鼓動下，英國得到南非仍不滿足，繼續向北擴充，掠奪的領土即以他為名，當年的北羅德西亞就是今天的尚比亞；南羅德西亞則變成辛巴威。他遺留下財產之多，僅靠利息每年可選送九十多名各國學生到牛津讀書，所以牛津經常有兩百四十幾位羅氏獎學金得主在學。香港與新加坡每年各可選送一名，美國每年名額達三十二人。就長遠影響而言，羅德斯此舉對英國的貢獻實在很大，我們什麼時候才會出現這麼一位有遠大眼光的慈善家呢？

六七、如果經國先生仍在世……

（原刊九十二年一月十四日《聯合報》）

如果經國先生仍舊在世，一月十三日就只是個普通的日子，不曾發生過什麼大事。人們也不記得他的生日是哪天；為寫此文，我特地去查美國人陶涵的《蔣經國傳》，才知道他是一九一〇年四月廿七日出生的，陰曆是三月十八。但在他生前，沒有人理會他的生日，因為他最反對個人崇拜，更沒有人會去向他拜壽。他把家務和國事劃分得清清楚楚，他的子女從不在螢光幕前露面，他有好幾個孫兒孫女，當時有誰知道總統「金孫」的姓名嗎？

如果經國先生仍舊在世，他還會住在大直簡陋的七海官邸裡。他買不起，也不會搬進豪華的鴻禧山莊，因為那與他做人的根本原則恰好相反。他從不打高爾夫球，因為那是有錢人的玩意兒，與他從小習慣的生活格格不入。他還是穿他那件陳舊的夾克，出巡時就在鄉下路邊攤子上小吃，甘之若飴。他喜歡到務農的老朋友家裡聊天，真正了解老百姓的想法與困難，而非坐在開足冷氣的辦公室裡，空談農業經濟的理論。

經國先生每天接見許多訪客，虛心地聽取別人對國事的意見，而不是滔滔不絕地講他自己的想法。他其實不是個善於言詞的人，更討厭耍嘴皮，掉槍花。他不會今天說一套話，明天又是另外一套，前後矛盾，令人猜不出他真實意圖何在，無所適從。

如果經國先生仍舊在世，今天台灣會是什麼模樣呢？

台灣的民主改革仍會繼續。不要忘記如果沒有他力排眾議，黨禁與報禁不會那麼早取消。正因為他不沽名釣譽，只知為國家做事，不在意外來的評論，「民主先生」的稱謂，其實應該屬於經國先生，而非僅僅繼續他開拓出來道路的繼任人。他最痛恨的就是貪官汙吏；今日國內政治風氣的敗壞，在他死後方才開始。如果這位九十三歲的老人還活著，即使政府與國民黨都已換人領導，也很難想像會有五鬼搬運，黑金勾結，那種無法無天的情事；更別提高雄市議長選舉一類的醜聞了。

台灣經濟肯定會持續成長發展，但只有規規矩矩的工商業者才能受惠。經國先生從不反商，是他把辜振甫、高清愿等人納入國民黨中常會的。但他絕不會容忍長袖善舞、藉政商關係遊走法律邊緣，炒地皮發橫財的不法商人。雖然主導政局一、二十年，他沒有一個做生意的朋友。他不可能用劉泰英那樣的人去主管財務與投資。像新瑞都那種案子，在他的時代絕不可能發生。他所想的只是怎樣發展整體經濟，讓所有民眾都分享成長的果實。「今天不做，明天就會後悔」，對三通或任何有關台灣經濟發展的議題，此時都可以適用。

台灣的社會更不致被無恥政客們以省籍為藉口，撕裂族群和諧，以遂個人政治目的。他早就說過：「我也是台灣人」。他用人只問操守與能力，不考慮其它因素。今天居然有人指他「吹台青」，卻忘了照照鏡子裡當年的自己。從教育改革到勞工福利，從全民健保到失業問題，他關心老百姓生活的每一個細節，卻從不考慮政府應該做的事會對選票產生什麼影響。他提倡勤儉樸實，不曾喊口號，全靠自己以身作則。今日喜宴動輒幾百桌，競選流水席能開到一千桌以上，奢侈浪費的風氣，都是他去世後才慢慢形成的。

台灣今天儘管有政治、經濟、與社會上的種種問題，真正的關鍵仍在於做領袖的人有無最基本的道德觀念。人民懷念逝世已十五年的經國先生，正因為他以誠待人，從不昨非今是，也從不自欺欺人。自許為「蔣經國學校」的傳人，甚至要出書敘述他所認識的「校長」，只能說不知羞恥為何物。這人的所作所為完全背叛了經國先生遺訓，卻偏偏大言不慚，說別人都是假的，只有他才真懂得蔣經國的思想。我為經國先生悲，我更為台灣痛。

三民叢刊 社會人文類精選

（本局另備有「三民叢刊」之完整目錄，歡迎索取）

278 莎士比亞的政治語言　謝鵬雄 著

政治亂象、經濟不振、社會失序、道德淪喪……這些是否讓你覺得很鬱卒、很無奈呢？且看跨越媒體與學界的謝鵬雄先生，如何旁徵博引，議論風生。你會發現，原來「吐槽」也可以「吐」得這麼有學問，原來日常瑣事也充滿了人生哲理與生活智慧……

150 資訊爆炸的落塵——今日傳播與文化問題探討　徐佳士 著

身處資訊時代，人類社會面臨了傳播與文化的種種問題，今日資訊生產與傳散的驚人現象有如核子彈爆炸一般，產生出人意表的「落塵」，不容忽視。

146 永恆與現在　劉述先 著

本書除討論作者一向關心的論題以外，還特別收錄作者的時文。從文字中，可以看到一位注目「永恆」的哲學家在面對「現在」的政治、文化與生活環境時，作出深思與回應。

110 滬上春秋——章太炎與上海　　章念馳 著

章太炎先生是中國近代重要的歷史人物，本書運用翔實資料，考證太炎寓滬的經歷，分析他變化的原因，論述他學術的著述，評價他的功過是非，力圖作出一個公正客觀的全面評價。

64 民主與兩岸動向　　余英時 著

以歷史學者的眼光，本書為臺灣民主發展、大陸民主運動及兩岸關係提出懇切的評述。在中國歷史新階段序幕初啟之際，不僅是歷史的見證，亦可作為探測未來發展的依據。

43 兩岸迷宮遊戲　　楊 渡 著

海峽兩岸已逐漸結合成一網絡，在未來的時間裡，這種影響將更趨加強。作者以「民間觀點」來探討，試圖走出「兩岸關係」的遊戲迷宮，開顯出臺灣未來之方向。

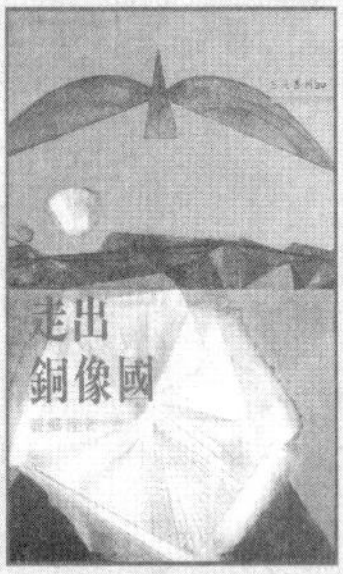

39 走出銅像國　　龔鵬程 著

劇烈變遷的世代，許多舊權威被燬棄、新偶像被鑄立；歷史仍未終結，只是為博物館中多添幾尊銅像而已。走出銅像國，去除人身崇拜及種種偏執，才能開展出一個更廣闊的天地。

經典重刻

259 西遊記與中國古代政治

薩孟武 著

孫行者打遍天界無敵手，筋斗雲一翻便十萬八千里，如此通天徹地之能，卻仍須臣服於思想迂腐卻會唸緊箍咒的唐僧，這便透露出政治隱微奧妙之處。作者廣泛援引歷史實例與諸子政治思想來解讀《西遊記》，於奇光幻景中擷取出意想不到的玄妙趣味。

289 水滸傳與中國社會

薩孟武 著

你知道嗎——《水滸傳》中替天行道的梁山泊一〇八條好漢大多是出身低微，在社會底層討生活的「流氓分子」。快活酒店的所有權有什麼問題？……且看作者從政治、經濟、文化等不同角度，精采詮釋《水滸》故事，及由此中所反映出來的古代中國社會。

267 生命的學問

牟宗三 著

牟宗三先生學貫中西，融會佛儒，是享譽近代的哲學大家。本書集合了他在期刊學報發表的若干文章，內容或為哲學專題的探討、人生問題的思索；或為生活心情的記實、前塵往事的追憶，是一窺當代哲學大師心靈世界最好的途徑。

269 青年與學問

唐君毅 著

作者是新儒家代表人物之一。他自言寫作本書每一篇文章時的態度，「我總是在迫切希望青年們能發憤讀書造學問，成就他自己，以開拓中國文化之前途。」或許時代變了，青年也不同了，但謀求學問之道卻是千古如一：惟一「勤」字耳！

國家圖書館出版品預行編目資料

台灣的新政治意識:局外人對二〇〇四年大選的觀察／陸以正著.－－初版一刷.－－臺北市：三民，2004
面；　公分－－(三民叢刊:294)

ISBN 957-14-4048-5　(平裝)

1. 論叢與雜著

078　　93006119

網路書店位址　http://www.sanmin.com.tw

 台灣的新政治意識
——局外人對二〇〇四年大選的觀察

著作人　陸以正
發行人　劉振強
著作財產權人　三民書局股份有限公司
臺北市復興北路386號
發行所　三民書局股份有限公司
地址／臺北市復興北路386號
電話／(02)25006600
郵撥／0009998-5
印刷所　三民書局股份有限公司
門市部　復北店／臺北市復興北路386號
重南店／臺北市重慶南路一段61號
初版一刷　2004年5月
編　號　S 811240
基本定價　參　元
行政院新聞局登記證局版臺業字第〇二〇〇號

ISBN　957-14-4048-5　(平裝)